BIBLIOTHÈQUE PÉRIODIQUE.

LITTÉRATURE FRANÇAISE.

LITTÉRATURE NATIONALE.

NOUVEAU MUSÉUM LITTÉRAIRE.

Littérature nationale et étrangère.

MÉMOIRES

D'UN

VIEUX MÉNAGE PARISIEN.

PAR

R. HERBAUT.

III

A. B.

BRUXELLES;
A. BLUFF, LIBRAIRE-ÉDITEUR,
12, RUE DES PLANTES.

LITTÉRATURE ANGLAISE.

LITTÉRATURE ALLEMANDE.

1855

MEMOIRES

D'UN

VIEUX MÉNAGE PARISIEN.

NOUVEAU MUSÉUM LITTÉRAIRE.

Littérature nationale et étrangère.

MÉMOIRES D'UN VIEUX MÉNAGE PARISIEN

PAR

R. HERBAUT.

III

BRUXELLES,

A. BLUFF, LIBRAIRE-ÉDITEUR,

12, RUE DES PLANTES.

1855

Brux. Imp. de A. Mahieu et Ce, Vieille Halle-aux-Blés, 31.

XVI

COURSE NOCTURNE.

La femme de Didier et les époux Morage avaient pris un plaisir très-vif à la représentation du mélodrame de la Porte-Saint-Martin; ils avaient ri aux lazzis du niais, larmoyé sur les malheurs de la jeune première et frémi aux noirceurs du traître. Véronique s'était également fort intéressée au spectacle; l'absence seule de son mari, lui revenant parfois à la pensée, empoisonnait son agrément; ce fut donc avec une véritable satisfaction qu'elle vit le rideau se baisser définitivement après la dernière scène.

— Descendons bien vite, dit-elle; car, ainsi qu'il a été convenu, nos maris, en nous attendant, doivent se promener devant le théâtre depuis onze heures précises, et voilà, continua-t-elle en consultant sa montre, voilà qu'il est minuit moins vingt; comme ils doivent s'impatienter!

— Le beau malheur, fit Thanésie; s'ils s'ennuyaient réellement, ils n'avaient qu'à acheter une contre-marque.

— Peut-être n'en ont-ils pas trouvé.

— Quoi qu'il en soit, dépêchons-nous.

— Chère madame Moulin, dit Morage, nous ferions mieux, je crois, de laisser s'écouler la foule; je suis seul pour vous protéger toutes trois, et, au milieu de cette cohue, si l'on allait vous insulter.

— Nous insulter, et comment donc?

Ce fut Philomèle qui se chargea de la réponse. Un homme qui se trouvait près d'elle se permettait en ce moment d'appuyer sa main sur ses hanches, et même de les serrer d'une manière significative; elle poussa un cri.

— Qu'as-tu, bobonne? demanda Polycarpe.

— On me pince.

— Qui ça?

— Ce petit vieux, à droite.

— Malotru! tiens, v'lan!

Et l'ex-charcutier lança un coup de poing formidable sur le chapeau du personnage que lui signalait sa moitié, lequel se sentant dans son tort ne se rebiffa point, et se glissant, avec prestesse dans une autre direction, évita un second horion, que Polycarpe s'apprêtait à lui adresser de nouveau.

— Vous voyez, continua-t-il, à quoi sont exposées les dames dans une semblable foule; restons donc en arrière.

On suivit son conseil, et ils furent des derniers à sortir du théâtre. Leur premier soin fut naturellement de regarder à droite, à gauche, devant et derrière eux, pour relever le plus vite possible Didier et Pierre de la faction qu'ils ne doutaient pas que ces derniers fussent en train de faire. Mais ce fut en vain que pendant un quart d'heure plein ils allèrent et vinrent devant le péristyle du théâtre; ce fut en vain que, s'écarquillant les yeux, ils regardèrent sous le nez tous les personnages masculins qui se promenaient deux par deux : ils ne virent ni ne rencontrèrent les époux de Véronique et de Thanésie.

— Saperlote! dit le père Morage, comment se fait-il donc qu'ils ne soient pas là tous les deux? Pierre! Didier! continua-t-il en appelant de sa voix la plus formidable.

Rien ne répondit.

— Oh! mon Dieu, dit alors Véronique inquiète, s'il leur était arrivé quelque chose.

— A tous les deux, c'est peu probable, et il en serait toujours bien venu un pour nous prévenir de l'accident dont l'autre aurait été victime.

— Mais c'est que voilà les passants qui deviennent plus rares ; encore quelques minutes, et nous serons tout seuls sur le boulevard.

— Ah ! que nous sommes bêtes ! s'écria Polycarpe.

— Vous les voyez, monsieur Morage ?

— Non ; mais ne vous ont-ils pas dit qu'ils passeraient leur soirée au café ?

— Eh bien ?

— Eh bien, ne voyez-vous pas comme moi que celui du théâtre de la Porte-Saint-Martin est encore ouvert.

— En effet.

— Sans doute y sont-ils, et, plongés dans les combinaisons d'une partie de dames ou de dominos, ils nous oublient, et ne se sont pas aperçus que le spectacle est terminé.

— Vous avez raison, je vais voir.

C'est Véronique qui vient de prononcer ces derniers mots, après lesquels elle quitte vivement le bras de Thanésie et gravit rapidement le perron du café. Elle y entre, et se trouve en effet au milieu de joueurs profondément absorbés par leur jeu. Quinte et quatorze ! je retourne le roi ! je vous prends deux pions ! j'ai la vole ! telles sont les seules exclamations qui, de temps à autre, rompent le silence qui règne dans l'établissement. Véronique jette dans la salle un regard anxieux, et parmi les joueurs attablés ne reconnaît pas celui qu'elle cherche ; elle va sortir quand, à la table la plus éloignée, il lui semble reconnaître la redingote brune de Pierre et l'habit bleu de Didier ; elle s'élance, et touchant légèrement du doigt l'épaule de l'homme à la redingote brune :

— Pierre, dit-elle.

— Quoi ! qu'est-ce que c'est ? répond celui-ci en se retournant.

— Ah ! te voilà enfin, continue Véronique, sans reconnaître encore qu'elle se trompe.

— Oui, me voilà ! après ; je ne vous connais pas, madame.

— Pardon, monsieur, reprend Véronique, s'apercevant de son erreur. Oh ! mon Dieu ! mon Dieu !

— Eh bien, quoi ? je ne vous connais pas, mais je ne demande pas mieux que de faire connaissance. Voulez-vous prendre quelque chose ? Asseyez-vous donc. Au besoin, je vous offre même à souper, continua l'individu en retenant Véronique, qui tentait de s'éloigner.

—Je vous prenais, monsieur, pour mon mari; laissez-moi, je vous prie...

— Bon! bon! comme vous êtes honteuse! Il n'y a pas de quoi, je suis bon enfant. Remettez-vous.

— Je me trompais, vous dis-je.

— Mais non, puisque vous venez de m'appeler par mon nom.

Il allait insister encore et forcer Véronique à prendre place à ses côtés, lorsque le père Morage vint à propos se mêler à la conversation :

— Eh! dites donc, godelureau, tâchez de laisser un peu madame tranquille, ou gare à vous!

—Qu'est-ce qu'il a donc ce vieux? est-ce que je la tarabuste votre dame? C'est elle qui est venue me flanquer un coup de poing sur l'épaule, et j'ai cru...

— Vous avez cru mal, voilà tout.

L'incident n'eut pas d'autre suite. Morage et Véronique rejoignirent Philomèle et Thanésie sur le boulevard, et tous les quatre encore se mirent, pendant quelques minutes, à arpenter le trottoir latéral.

— Voyons, dit enfin Thanésie, prenant pour la première fois l'initiative d'une observation, il faut prendre un parti, car il n'y a pas de raison pour que nous ne restions pas ici toute la nuit; du reste, savez vous ce que je crois, moi?...

— Que crois-tu?

— Que ces messieurs seront rentrés chacun chez eux, quand ils auront vu qu'à onze heures le spectacle était encore loin de toucher à sa fin.

— Oh! je ne crois pas cela de Pierre.

— S'il eût été tout seul, peut-être ne l'eût-il pas fait, car il est galant, prévenant, lui; mais monsieur mon mari, qui n'a pas ce défaut-là, lui aura fait des raisonnements auxquels il se sera rendu.

— Comment le savoir?

— En venant jusque chez nous, parbleu. Il y a moins loin d'ici au boulevard Montmartre que d'ici au bout de la rue du Faubourg-du-Temple. Viens avec nous, le domestique de Didier te dira si son maître est rentré, et s'il l'est, c'est que Pierre le sera également. Nous allons prendre une voiture, qui, après m'avoir mise chez moi, te reconduira à ta demeure.

— Je crois que Thanésie a raison, objecta Polycarpe; c'est plus que probable, c'est sûr même; alors, Philomèle et moi, nous pouvons rentrer chez nous, après, bien entendu, vous avoir fait monter en fiacre.

Cet arrangement qu'il proposait lui était inspiré par la profonde envie de dormir qu'il ressentait depuis quelques instants, et puis, continuant à considérer Thanésie comme un oracle incapable d'émettre de fausses suppositions, il était entièrement convaincu que les choses allaient se passer comme elle le prévoyait. Les deux jeunes femmes montèrent donc en voiture, et les époux Morage gagnèrent pédestrement la rue Neuve-Saint-Martin, où ils logeaient depuis qu'ils s'étaient retirés de la charcuterie.

Nous savons déjà que Thanésie et Didier font appartement à part, et il est bon que nous apprenions de plus, que celui-ci a donné une fois pour toutes le mot à son portier et à son domestique :

— Si le hasard faisait, leur a-t-il dit, qu'une nuit ou l'autre où je serais absent, ma femme s'informât auprès de vous si je suis rentré, invariablement vous lui répondriez affirmativement, et pour lui ôter le désir de venir elle-même s'en assurer, vous ajouteriez que j'étais très-fatigué, et que je me suis couché avec l'intention de m'endormir *ex abrupto*.

Nous devinons que telle fut la double réponse aux questions adressées par Thanésie, et pour la première fois, depuis que cette recommandation avait été faite au portier et au domestique. Ce dernier même, qui était un gaillard fort intelligent, saisit la balle au bond, quand Véronique ajouta :

— Est-ce que M. Didier n'a pas été accompagné jusqu'ici par mon mari ?

Il répondit :

— Si fait, madame, et j'ai entendu de même M. Moulin répondre : « Ma foi, moi aussi, je vais rentrer me coucher, la course que nous avons faite m'a également fatigué. »

C'en fut assez pour rassurer complètement Véronique. Elle prit congé de Thanésie, et, refusant l'offre que celle-ci lui faisait d'emmener pour l'accompagner le domestique de Didier, elle remonta toute seule en voiture, laquelle s'arrêtait quelques minutes après devant le petit magasin de la rue du Faubourg-du-Temple. Elle paya le cocher, qui remonta sur-le-champ sur son siége et disparut au grand galop.

Restée seule, Véronique s'empressa de fouiller dans sa poche pour y prendre le passe-partout ; mais elle s'arrêta, en réfléchissant que sans doute elle ne le trouverait pas ; ils n'en avaient qu'un pour eux deux ; or, puisque Pierre était rentré, c'est que lui, et non elle, s'en était chargé. Alors elle se recula jusqu'au milieu de la chaussée, d'où elle allait appeler son mari, qui, sans nul doute, pensait-elle, devait avoir l'oreille au guet et l'attendre avec impatience. Elle leva les yeux, et elle demeura stupéfaite de ne pas voir briller une lumière quelconque à travers les croisées du premier étage; bien plus, elle se souvint que la fenêtre de droite avait été laissée ouverte, et elle vit qu'elle l'était encore; pis que tout cela, la mémoire lui revenant tout à fait, elle se rappela parfaitement que c'était elle qui avait décroché de son clou habituel la clef de la porte de la rue.

— Oh! non, non, je m'abuse, murmura-t-elle, voulant douter encore; mais elle se décida à fouiller au fond de sa poche, d'où elle tira ledit passe-partout.

Une sueur froide l'inonda; elle faillit se trouver mal.

— Il n'est donc pas rentré? Oh! si. Comment aura-t-il fait? Pierre! Pierre! appela-t-elle.

Rien. Silence absolu.

— Oh! mais, c'est impossible, c'est qu'il est endormi. Pierre! oh! réponds-moi, je t'en prie, Pierre!

Elle traversa la rue en chancelant et se mit en devoir d'ouvrir la porte, espérant ne la trouver que fermée au pène, mais elle l'était à double tour. L'obscurité de la boutique lui fit grand'peur, et elle eut beaucoup de peine à se décider à y entrer. Elle le fit cependant, en appelant encore d'une voix frissonnante :

— Pierre ! Pierre ! es-tu là... Oh ! réponds-moi, ami, réponds-moi, car j'ai peur.

L'excès de sa frayeur, et cela arrive souvent, lui rendit bientôt le courage. Elle trouva à leur place ordinaire le briquet phosphorique et la bougie qu'elle alluma ; alors elle monta au premier, chercha dans le salon, dans la chambre à coucher ; mais personne n'y était, personne absolument. Quelque chose comme de la folie lui traversa le cerveau, elle tomba ; mais, heureusement, ce fut un fauteuil qui la reçut, et elle se prit à verser de chaudes larmes.

— Qu'est-ce que je fais donc là ? s'écria-t-elle tout à coup ; est-ce ainsi que je le trouverai, que je le secourrai, si quelque malheur l'a frappé ?

Et elle se releva brusquement, redescendit dans la boutique, et sortit en laissant la porte toute grande ouverte derrière elle ; elle se mit alors à courir d'une vitesse prodigieuse dans la direction du boulevard, en criant toujours :

— Pierre ! Pierre !

Le quart d'une heure du matin sonnait à Sainte-Élisabeth, lorsque Véronique atteignit le coin de la rue dite des Fossés-du-Temple ; Elle courait toujours et sans voir devant elle ; aussi n'aperçut-elle pas un fiacre qui venait juste en face d'elle ; le timon de la voiture la frappa en pleine poitrine, et elle tomba à la renverse en poussant un cri. Le cocher l'entendit et voulut retenir ses chevaux ; mais il ne le put assez vite pour empêcher que Véronique ne disparût entièrement sous leurs pieds. Cet évènement dégrisa subitement le cocher, et, comme c'était un brave homme au fond, il ne lui vint pas un instant la pensée d'éviter par la fuite les conséquences fatales qui pouvaient résulter pour lui de ce malheur, s'il était constaté. Rien cependant ne lui eût été plus facile : la rue était déserte, personne ne le voyait ; il eût passé outre sans se préoccuper de rien, sans regarder derrière lui, et personne ne serait venu le lendemain lui dire que c'était lui qui avait écrasé une femme; ceux même qui occupaient son véhicule n'auraient pu servir de témoins pour lui faire infliger une peine quelconque.

Ces derniers mots vous apprennent, lecteur, que c'est le cocher dans le fiacre duquel sont montés, il y a un quart d'heure environ, Pierre et sa conquête Trinette. Fort occupés l'un de l'autre à ce moment, ils n'avaient rien entendu ni remarqué, ni le cri poussé par Véronique, qui s'était confondu dans le bruit des roues sur le pavé, ni le mouvement de recul imprimé à ses chevaux par leur conducteur, et avec une véhémence telle, que se renversant complètement en arrière après s'être dressé tout debout sur la planchette de son siège, il avait perdu l'équilibre, et tombait, du haut de la voiture, tout emberlificoté dans les guides qu'il ne lâchait pas, sur la croupe de ses chevaux, d'où il rebondissait jusque sur le sol, heureusement toutefois sans se faire aucun mal, plus heureusement encore, les chevaux eurent l'instinct de s'arrêter tout court; s'ils eussent fait, ne fût-ce qu'une enjambée de plus, il avait le crâne broyé.

Le cocher, après s'être subitement remis sur pied, n'était pas encore parvenu à se débarrasser des rênes dont l'enlacement au reste avait fort amorti sa chute, que la portière de son fiacre s'ouvrait, et que Pierre, en descendant dans une situation de costume remarquablement débraillée, lui demandait d'une voix encore légèrement avinée :

— Est-ce que nous sommes arrivés?

— Mais non, fit Trinette, en mettant la tête dehors; mais non, c'est au milieu de la rue des Fossés-du-Temple que je demeure, et non pas au coin; dis-le lui donc, chéri, et remonte bien vite.

— Oui, mon amour; tu dis au milieu de la rue, quel numéro?

— Trente-quatre.

— Vous entendez, cocher, numéro trente-quatre, continua Pierre, en s'approchant de celui qu'il interpellait.

— C'est bon, c'est bon, répondit celui-ci, qui redevenait enfin libre de ses mouvements; vous ne vous êtes donc pas aperçu?

— De quoi?

— Que j'ai écrasé quelqu'un.

— Quelqu'un! où ça?

— Là, pardi! la pauvre femme est sous les pieds des chevaux; aidez-moi à la retirer.

Cette déclaration du cocher produisit sur Pierre l'effet analogue à celui que l'événement lui-même, compliqué de la dégringolade, avait produit sur le susdit cocher : les dernières fumées de l'ivresse se dissipèrent instantanément.

— Une femme! as-tu dit? s'écria-t-il; une femme se trouve sous les pieds de tes chevaux!

mais dépêche-toi donc, misérable; mais fais donc reculer ta voiture, mais...

— Mais, mais, mais... fit le cocher, en arrêtant le bras de Pierre, qui s'apprêtait à prendre en main les brides de l'attelage; n'allez pas si vite, monsieur; assurons-nous d'abord de la position où elle est ; songez qu'un seul mouvement des roues mal dirigé peut aggraver le mal, qui peut-être n'est pas si grand qu'il en a l'air; elle ne remue pas, elle ne dit rien, c'est vrai; mais elle n'est peut-être qu'évanouie.

— Il a raison, dit Trinette, qui venait de mettre également pied à terre.

— Hein, quoi, plaît-il? fit Pierre, qui, en même temps qu'il était tout à fait revenu à lui, avait oublié Trinette. Qui est-ce donc qui me parle? vous, madame... Ah!

Par cette dernière exclamation, il exprimait qu'il retrouvait le souvenir de sa faute récente; le remords l'envahissait.

—Eh bien! quoi! ah ça, mais vous ne voulez donc pas me donner un coup de main? Sapristi! quelles poules mouillées que ces gens de la haute...

— Que faut-il faire?

— Tenez, vous, madame, décrochez une de mes lanternes et éclairez-moi; vous, monsieur, venez surveiller les pieds de mes bêtes, tandis que moi je vais tirer cette pauvre femme de là-dessous.

Pierre et Trinette firent ce que voulait le cocher de fiacre, et celui-ci se mit en devoir de relever Véronique.

— Ah! quelle chance, dit-il; rien de grave, bien sûr, ne lui est arrivé. Voyez, le bonheur a voulu qu'elle tombât positivement de manière à ce que ni sa tête, ni ses jambes, ni son corps ne soient touchés des roues, ni des pieds de chevaux: elle en sera quitte pour sa robe crottée, son chapeau défoncé et sa pamoison prolongée.

Pendant ces derniers mots, il avait complètement dégagé et relevé Véronique, et la tenait sur ses deux bras, la tête de celle-ci tournée vers sa poitrine, de manière que Pierre ne l'avait pas encore regardée.

— Elle respire, n'est-ce pas?

— Oh! très-bien!

— Portez-la sur les coussins de la voiture, dit Trinette, j'ai sur moi un flacon de sels que je vais lui faire respirer.

Le cocher fit ce que voulait Trinette, après quoi celle-ci remonta tout de suite dans le fiacre, afin, ainsi qu'elle l'avait annoncé, d'y prendre soin de Véronique.

Quant à Pierre, depuis qu'il était rassuré sur le sort de la femme renversée, il ne pensait plus qu'à une chose, c'était à s'esquiver pour aller rejoindre Véronique, dont il se figurait l'anxiété mortelle.

— Vous ne remontez pas dans la voiture? lui demanda en ce moment même le cocher.

— Non, répondit-il en prenant bravement son parti, non; tenez, voilà dix francs pour votre course.

Et sans rien ajouter de plus, il se mit à courir dans la direction de sa demeure, mais à courir si vite qu'il était à perte de vue avant que le cocher fût revenu de sa surprise.

— Anatole! Anatole! la voici qui revient à elle.

— Ah! bien, oui, Anatole, il est loin s'il court toujours.

— Comment cela?

— Il m'a payé, puis il a pris ses jambes à son cou et s'est sauvé comme un voleur.

— Il est donc toqué, ce garçon-là?

— Ça m'en fait l'effet.

— Ah! j'ai fait une bêtise de me laisser reconduire par lui.

— Surtout si, comme je le crois, vous avez baissé les stores en sa faveur.

— Bah! après ça, je n'en mourrai pas, au contraire, j'en vivrai; car ce garçon-là doit avoir des ménagements à garder, et si je le retrouve...

— Vous le ferez chanter, connu!

Pendant ces dernières phrases, échangées entre le cocher et Trinette, laquelle, tout en parlant, n'avait pas cessé de prodiguer des soins à Véronique, cette dernière avait complètement repris ses sens.

— Eh bien! madame, lui demanda Trinette, comment vous trouvez-vous?

— Rien de cassé, la petite mère?

Sans paraître les comprendre, Véronique regarda alternativement les deux personnes qui se trouvaient près d'elle; puis, après un silence :

— Que s'est-il donc passé? demanda-t-elle. Où suis-je? Qui êtes-vous?

— Vous venez, madame, de courir un immense danger, auquel la Providence a voulu que vous échappassiez.

—Faudra rien dire, madame, pas vrai; car, voyez-vous, si la police savait la chose, je serais à l'amende et à une rude. Si ça vous coûte des drogues et des visites de médecin, je les paierai, j'aime mieux ça...

— Ah! oui, je me souviens, cette voiture qui venait vers moi au grand galop...

— C'était la mienne.

— Ces chevaux qui m'ont renversé...

— C'étaient les miens; mais je vous jure qu'il n'y a pas de ma faute; j'ai essayé de les retenir, et si vigoureusement que je m'en suis flanqué moi-même les quatre fers en l'air.

— Mais qui êtes-vous donc, vous, madame?

— Mademoiselle, je suis demoiselle, c'est-à-dire non, au fait, je ne le suis plus; enfin, n'importe, je me trouvais dans la voiture quand l'accident vous est arrivé, madame. Vous êtes dame, vous?

— Oui, oui, certainement; mais mon mari, est-ce qu'il n'était pas là?

— Avec vous? dame! je ne crois pas; tout ce que je sais, c'est que moi j'étais avec une espèce de chenapan qui m'a plantée là pour reverdir.

— Non, non! au fait, je me rappelle, c'est au-devant de lui que je courais.

— Au-devant de lui! de qui, de lui?

— De mon mari, de Pierre.

— Mais, dites donc, mes petites dames, je ne peux pas rester toute la nuit au coin de cette rue, moi; faudrait que vous vous décidiez à me dire où vous voulez que je vous conduise.

— Je demeure ici près, madame ; pour vous remettre tout à fait, voulez-vous venir jusque chez moi? je vous ferai prendre quelque chose, proposa Trinette.

— Oh! grand merci, mademoiselle, j'habite moi-même à très-peu de distance, et d'ailleurs mon mari, qui sans doute est rentré maintenant, doit être plongé dans une grande inquiétude. Je vais vous quitter et reprendre le chemin de ma demeure.

— Non, non, restez ; je veux vous conduire et vous remettre moi-même aux mains de votre mari.

— Vous êtes mille fois bonne.

— Laissez donc, c'est tout naturel. Allons, cocher, vite, remontez sur votre siége.

— On y va. Où demeurez-vous, madame?

— Rue du Faubourg-du-Temple, n° 46, au magasin de la *Bonne foi.*

— Suffit, dit le cocher en refermant la portière sur les deux femmes; puis il ajouta, en portant les mains à sa tête : Tiens! mais où donc est mon chapeau? le voilà qui se ballade dans le ruisseau; ici, petit!.. il le ramassa et le mit sur son front; mais il entra difficilement.

Allons, bon! il est rétréci; ah! mais non, c'est qu'en tombant je me suis fait une bosse au front, et une fameuse. Enfin, j'ai deux pièces de cent sous, je me les appliquerai dessus, et ça la guérira, ma bosse... Hue, les cocos! et, faisant claquer joyeusement son fouet, il fit prendre à ses chevaux la direction indiquée.

Pierre fut extrêmement surpris, lorsqu'arrivant enfin devant son magasin, il vit que la porte en était toute grande ouverte; mille chimères sinistres lui montèrent au cerveau. Il crut d'abord à une effraction; il s'imagina que des malfaiteurs s'étaient introduits chez lui, et que sa femme, rentrée déjà ou rentrant seulement pendant qu'ils perpétraient leur mauvais coup, avait été leur victime; qu'ils l'avaient assassinée, et que, pénétrant malgré l'obscurité, il allait trébucher sur son corps. Il jeta un cri de désespoir fou et se précipita dans la boutique, avec le désir que les bandits ne fussent point partis encore et lui fissent partager le sort qu'il supposait être celui de Véronique. Naturellement, il se trompait : en étendant instinctivement le bras, sa main rencontra la bougie que Véronique, en partant, avait laissée allumée sur le comptoir, mais que le vent avait éteinte. Non loin aussi, il trouva le briquet phosphorique et s'en servit comme l'avait fait sa femme. Y voyant clair, il ne remarqua rien absolument de dérangé; il s'aperçut, en outre, que le passe-partout était encore dans la serrure. Or il devenait positif que la porte n'avait été ouverte par personne autre que par Véronique. Comme l'avait fait celle-ci, il monta sur-le-champ au premier étage, et, de même qu'elle ne l'y avait pas trouvé, il ne l'y trouva pas. Nouvelles terreurs; nouvelles suppositions sinistres. Qu'était-elle devenue? où était-elle allée?

—Ah! se répondit-il, enfin éclairé par le souvenir du costume que portait la femme renversée, costume auquel de prime abord il n'avait fait aucune attention c'était elle! c'était elle! Malheureux que je suis!

Sans plus réfléchir, il redescendit, et allait s'élancer de nouveau dehors, quand, lui barrant le passage, s'arrêta devant sa porte le fiacre que tout à l'heure il avait fui avec tant de vélocité.

— C'est bien ici le n° 46, pas vrai, bourgeois? lui demanda le cocher sans le reconnaître.

— Oui, oui, et c'est ma femme que vous me ramenez n'est-ce pas? c'est Véronique!

Le cocher était descendu.

— Plaît-il? cette voix! Tiens, c'est vous!...

— Silence! silence! ne me reconnais pas.

— A cause donc ; ah ! oui, qu'il est toqué celui-là !

Il ouvrit la portière, et Véronique s'élança :

— Pierre !

— Ma femme chérie !

Ils étaient dans les bras l'un de l'autre, s'étreignant, s'embrassant, pleurant, et Trinette, ainsi que le cocher, reconnaissait dans l'homme que l'on appelait Pierre son Anatole de tout à l'heure. Elle descendit aussi, et s'approchant du groupe formé par les deux époux enlacés :

— Ah ! c'est un peu fort, ça, dit-elle ; vous connaissez Anatole, madame? et vous l'appelez Pierre, et il vous appelle sa femme chérie, et vous vous embrassez à mon nez, à ma barbe !

— Ça devient drôle ! ça devient drôle ! ricanait le cocher en se frottant les mains ; elles vont se peigner, les biches. Kiss ! kiss ! mords-les, la petite !

Véronique voulut se dégager alors de l'étreinte de Pierre, se tourner vers Trinette et lui demander une explication plus nette de ses paroles ; mais Pierre ne lui en laissa pas le temps ; il l'enleva d'un bras, et de l'autre, retira le passe-partout de dedans la serrure ; d'un bond il rentra avec elle dans sa boutique, et s'empressa de fermer derrière lui la porte à double tour. Puis, et toujours sans quitter Véronique, sans cesser de la porter, il monta avec elle dans la chambre à coucher. Ce changement de mise en scène s'était opéré en beaucoup moins de temps qu'il ne nous en a fallu pour le raconter.

Le cocher n'y pouvant tenir se mit à rire à gorge déployée; Trinette, au contraire, furieuse, se mit, avec son petit pied et avec ses deux poings, à tambouriner sur la porte, en criant après Pierre et en l'invectivant; bref, à faire un tapage à réveiller tous les voisins.

— Ah ça! mais, est-ce que nous allons coucher là? fit le cocher. En voilà assez, la petite mère; remontez, que je vous reconduise.

Ah! bien, oui, elle ne l'écoutait pas et continuait son tintamarre.

— Taisez-vous donc définitivement; il est plus de deux heures du matin; c'est celle des patrouilles grises, et s'il en passait une, elle ne vous ramasserait pas, ni moi non plus, non, elle se gênerait...

— Tu m'ouvriras! je veux t'arracher les yeux, criait Trinette, tambourinant toujours.

— C'est comme si je chantais. Je suis payé; j'ai bien envie de filer, elle s'arrangera pour s'en retourner chez elle. Eh! mais, là-bas, dans l'ombre, qu'est-ce donc qui vient en côtoyant les murs? Je ne me trompe pas, ce sont eux. Ah! ma foi, tant pis, je me sauve.

Il remonta en effet sur son siége, fila à toute bride et disparut bientôt.

Trinette était tellement transportée de colère, qu'elle ne s'aperçut point de ce départ subit, et continua à faire tapage; mais, peu après, les ombres qu'avait remarquées le cocher, et qui étaient des personnes naturelles, enveloppées de grands manteaux gris et coiffées de tricornes, furent auprès de la jeune pianiste. Ils l'entourèrent et arrêtèrent l'élan d'une nouvelle grêle de coups de poings qu'elle se préparait à octroyer à l'innocente devanture de la boutique.

— Au poste! la belle, au poste, dit le chef de la patrouille.

— Comment! au poste, et pourquoi ça?

— Pour tapage nocturne. Est-ce votre domicile?

— Non, c'est celui de mon amant.

— Ce n'est pas une raison.

— Mais il ne veut pas m'ouvrir; mais il est marié!

— Ah! il est marié; alors, ce n'est pas seulement au poste que l'on va vous conduire.

— Et où donc?

— Mais chez le commissaire de police, et de là peut-être à Saint-Lazare.

— Vous vous trompez, je ne suis pas ce que vous croyez ; je suis une jeune fille tranquille.

— Tranquille ! on ne s'en douterait pas.

— Mais, je vais vous dire...

— Ça ne nous regarde pas.

— Je vous en prie, messieurs, laissez-moi m'expliquer !

— Nous n'avons rien à entendre, nous autres ; vous vous expliquerez devant le commissaire de police. En route, allons !

Trinette eut beau faire, il fallut qu'elle suivît, chez le commissaire du quartier, les quatre hommes de la patrouille.

XVII

LES BONS MARIS FONT LES BONNES FEMMES.

— Mon Dieu! Pierre, qu'as-tu donc? Pourquoi cet air fou, égaré? demanda Véronique à son mari, quand celui-ci l'eut enfin déposée sur un des siéges qui garnissaient la chambre.

— Oh! tais-toi, tais-toi, je t'en prie, répondit-il en lui mettant la main sur la bouche, et en prêtant l'oreille au bruit des coups de poings et de pieds de Trinette sur la porte d'en bas.

Véronique, un peu effrayée, obéit machinalement; elle ne souffla plus mot, et Pierre garda son attitude silencieuse jusqu'après l'arrestation dont nous avons été témoins.

Quand le bruit cessa :

— Ah! elle part, fit-il en laissant échapper

de sa poitrine un soupir de soulagement, et, à bout de ses forces, se laissant tomber sur un siége voisin de celui de Véronique. Mais il y avait encore dans sa physionomie quelque chose de vague, de troublé, de fébrile, dont l'expression effraya Véronique; puis, tout à coup, ses dents s'entrechoquèrent, il se mit à trembler comme s'il avait grand froid: c'était la fièvre, la fièvre de l'effroi, de la honte! Elle le voyait bien; mais, charitable et bonne qu'elle était, elle feignit de s'y méprendre, et, se levant, alla fermer la fenêtre qui était ouverte; puis, revenant auprès de Pierre, qui levait sur elle des regards suppliants et remplis de repentir, elle se tint debout, lui prit les mains, et dit, comme si de rien n'était, comme si elle n'eût pas été torturée d'un doute poignant que la moindre réflexion devait changer en cruelle certitude, elle dit avec sa voix douce des meilleurs jours, des plus heureux instants :

— Tu me pardonnes, cher ami, n'est-ce pas, de t'avoir fait attendre si longtemps? Mais ce n'est pourtant pas tout à fait de ma faute, le spectacle a fini si tard. Il est vrai qu'à onze heures j'aurais au moins dû sortir du théâtre pour te prévenir que je désirais rester jusqu'à la fin; mais je m'amusais tant, que je n'en ai pas eu la pensée. Tu me pardonnes, n'est-ce pas?

Pierre ne prit pas la chose comme il eût fallu qu'il la prît.

Il reprend de l'assurance, et d'une voix douce également, mais empreinte de reproche et d'une lueur de sévérité :

— Ah! Véronique, dit-il, ce n'est pas bien. J'ai failli, sais-tu bien, devenir fou; voici comment : rentré depuis minuit moins vingt, je m'étais mis à lire dans ce fauteuil, et, en lisant, je m'étais assoupi; voilà que tout à coup je me réveille en sursaut; je ne te vois pas, j'oublie que tu es au spectacle, le sang me monte au cerveau, je me figure des impossibilités, je t'accuse, je t'appelle, je descends comme un insensé et.... et tu sais le reste; je te trouve descendant d'un fiacre; mais cela ne suffit pas à me rendre le calme, je m'effraie, et je ne sais, en vérité, pourquoi. Je m'effraie, dis-je, de la vue de la personne qui t'accompagnait, et que je ne connais pas, comme bien tu le penses, enfin...

— Enfin, interrompt Véronique, trompée dans son attente et convaincue de la culpabilité de son mari par l'habileté avec laquelle celui-ci cherche à lui donner le change; enfin, me voilà, te voilà, nous sommes réunis, n'en parlons plus, oublions; cela oublions.

— Oublier ! réplique imprudemment Pierre ; oublier ! cela t'est facile à dire, à toi, qui n'as pas attendu, qui n'a pas souffert, qui....

— Ah ! Pierre ! Pierre ! Et cette fois, dans l'expression de la voix de Véronique, il y eut un accent d'amer reproche et d'amour-propre révolté, et de ses yeux jaillit un éclair tellement sévère, qu'il était presque méprisant. Pierre n'y résista pas, vaincu par la faiblesse humaine; il eut la force de triompher d'elle à son tour, et il tomba à genoux devant sa femme, devenue grave et digne.

— Non, non, je suis un misérable ! je t'ai menti, je te ments encore... Ne m'aime plus, Véronique; je ne suis plus digne désormais que de ta haine et de ton mépris ; j'ai passé la soirée dans une débauche indigne, et cette femme, Véronique, cette femme... oh ! je ne la reverrai plus; pardonne-moi, je t'en prie, pardonne-moi, veux-tu ?

— Si je le veux, Pierre, si je le veux ! Oh ! douter ainsi, c'est me faire une nouvelle injure, et, en relevant son mari, elle l'embrassa au front ; mais le mouvement qu'elle fit lui arracha un petit cri de souffrance.

— Qu'as-tu ? demanda Pierre.

— Là, dans la poitrine, une douleur.

— Ah! c'est le timon de la voiture sans doute.

Ce dernier mot éclaira Véronique sur ce dont elle doutait encore, c'est-à-dire que son mari était en effet dans le fiacre, dont les chevaux l'avaient foulée aux pieds. — Et, au lieu de me secourir, il a fui, se dit-elle mentalement.

— Oh! non! non! répondit Pierre, qui devina quelle pensée lui venait malgré elle. Non, j'étais gris, vois-tu, et je n'avais pas vu ta figure; je croyais que c'était toute autre que toi; aussi, dès que je sus que tu n'avais aucun mal sérieux, je profitai du moment et je courus sans m'arrêter jusqu'ici, où, hélas! je ne te trouvai pas, puisque c'était toi... là bas!... Oh! ma pauvre femme, est-ce que tu souffres beaucoup?

— Non, mon ami, non...

— Demain, il faudra consulter un médecin, car souvent de pareils coups, dans la poitrine, sont dangereux, mortels... Oh Dieu! je ne te survivrais pas...

— Voyons, ne vas-tu pas te chagriner d'avance, ce ne sera rien, je le sens... Tu verras que le docteur sera de mon avis; mais il est bien tard, couchons-nous, et qu'il ne soit plus question demain, ni jamais, des détails de cette néfaste soirée.

— Je ne demande pas mieux, je n'en parlerai

pas, mais je m'en souviendrai toujours, et ce sera pour réparer par mille soins, mille prévenances...

—Eh! mon Dieu! sois, mon cher ami, tel que tu as été toujours, c'est bien suffisant; car être meilleur, plus aimable, plus charmant que tu ne le fus jusqu'à hier, tu sais bien que c'est impossible.

Telle fut la réconciliation des époux Moulin.

Pendant que s'étaient passés tous ces événements, qu'avait fait Thanésie?

Après avoir pris congé de son amie Véronique, qui, nous le savons, s'en allait rassurée de l'affirmation à elle donnée par le domestique de Didier, que son mari avait dû rentrer se coucher. Thanésie, sans plus questionner le valet de son mari, était rentrée chez elle. Sa femme de chambre, contre son habitude, qui était de profiter à la minute précise de la permission que sa maîtresse lui donnait de ne pas l'attendre quand il lui arrivait de rentrer plus tard que onze heures et demie, n'était pas encore couchée et veillait, en lisant, pour tromper les ennuis de la solitude, un roman de Pigault-Lebrun. Thanésie avait, comme on sait, un penchant prononcé à la coquetterie; fort délaissée par son mari, qui ne lui adressait jamais le plus petit mot aimable, et qui, de si peu de valeur qu'elle fût, ne semblait même pas l'apprécier à cette valeur-là, elle accueillait le plus gracieusement qu'il lui était possible ceux, qui, à son point de vue, ayant meilleur goût que Didier, vantaient les perfections de son physique et de son moral, s'extasiaient sur sa beauté, son esprit, sa distinction. Elle se laissait volontiers faire la cour, et même y provoquait, par des sourires et des œillades, les individus jeunes et mûrs avec lesquels elle dansait ou causait dans les nombreuses soirées où elle était invitée, et où le plus souvent Didier ne l'accompagnait pas. Si jusqu'alors les choses n'avaient pas été plus loin, si même aucune intrigue sérieuse ne s'était nouée entre elle et quelques-uns de ses adorateurs, ce n'était pas que Thanésie eût pris envers elle-même l'engagement de ne jamais manquer à ses devoirs, mais parce que les gens que Thanésie prenait pour des adorateurs n'étaient pour la plupart que de ces individus d'une politesse exagérée, qui, uniquement par habitude, disent à toutes les femmes qu'elles sont belles, aimables, spirituelles et cætera, sans pour cela désirer devenir leurs amants à toutes, et aucun d'eux n'avait encore sérieusement songé à battre en brèche la vertu de Mlle Beaumont.

Thanésie fut surprise de voir que sa soubrette était encore levée, et elle lui demanda la cause de cette dérogation aux habitudes contractées.

— Je vais vous dire, madame, répondit Eudoxie (c'est le nom de la caméristе), je vais vous dire, c'est que pendant la soirée, il est venu quelqu'un ici.

— Quelqu'un ici, dis-tu, et qui donc ça?

—Avant de vous en apprendre plus long, madame, je dois vous assurer qu'il n'y a pas du tout de ma faute, que je ne m'étais nullement entendue avec cette personne, que je ne la connaissais pas avant aujourd'hui, que j'ai fait tout ce que j'ai pu pour ne pas me charger de la commission qu'elle me donnait; mais elle était si pressante, si insinuante, elle paraissait si malheureuse...

— Quel est ce préambule? où veux-tu en venir?

— Je ne me serais pas décidée néanmoins, si ce n'eût été pour vous, madame, pour monsieur et pour la maison.

— Comment cela?

— Elle menaçait de faire du scandale; elle voulait rester ici, chez vous, dans votre chambre, jusqu'à votre retour: dussiez-vous, disait-elle, rentrer au bras de votre mari. Alors, il aurait pu en résulter des choses fâcheuses, une querelle, une dispute ; j'ai dû céder, j'ai dû promettre, et elle est partie.

— Elle ! toujours elle ; mais de qui parles-tu ? quelle est cette personne ? une femme, peut-être, une maîtresse qu'aurait mon mari.

— Oh ! non, madame, non ; ce n'est pas une femme.

— C'est un homme ?

— C'est un monsieur très-comme il faut, et parfumé ; oh ! comme il sentait bon !

— Qu'est-ce que cela me fait, à moi, l'odeur qu'il répandait !... Que voulait-il, ce monsieur-là ?...

— Ce qu'il voulait, madame, vous ne devinez pas ?

— Non, certes, je ne devine pas. Est-ce que par hasard ce serait un de vos amoureux, mademoiselle, que...

— Oh ! non, madame, non ; un amoureux à moi, que j'aurais reçu ici ! Je ne me serais pas permis cette chose-là, j'ai ma chambre.

— Plaît-il ?

— D'où je l'aurais certainement mis à la porte... Amoureux de moi, oh ! non ! un homme si comme il faut ! Pour inspirer de ces sentiments, il faut être, madame, belle comme vous, spirituelle comme vous, gracieuse comme vous.

— Hein? est-ce que, par hasard, fit Thanésie subitement radoucie et prodigieusement flattée, est-ce que ce serait à mon intention que cette personne?...

— Oui, madame, et, je vous en prie de nouveau, ne vous fâchez pas contre moi; mais je viens de vous dire pour quelles raisons et dans quel intérêt je me suis décidée à me charger de la lettre qu'il m'a remise pour vous.

— Une lettre!

— Il voulait, à mon refus, la donner au concierge, et monsieur, peut-être, l'aurait eue avant vous, et s'il l'avait ouverte...

— Eh bien?

— Je ne dis pas ça pour vous fâcher, madame, mais comme ce monsieur m'a dit que déjà il vous avait rencontrée dans le monde et que vous aviez paru accueillir avec indulgence la première expression de sa flamme naissante...

— Mademoiselle Eudoxie! fit Thanésie avec une dignité blessée parfaitement jouée.

— Oh! madame, je ne l'ai pas cru, je ne le crois pas, moi; mais si, dans sa lettre, il rappelle cela à son point de vue à lui, on ne sait pas, monsieur aurait pu...

—Bien, c'est bien, Eudoxie; tu m'es dévouée, n'est-ce pas?

— Je me jetterais au feu pour madame; que madame soit tranquille, je ne dirai rien; d'ailleurs il n'y a pas de mal, et quand même il y en aurait...

— Il n'y en aura pas, Eudoxie.

— J'en suis persuadée, madame.

— Donnez cette lettre, et allez vous reposer.

— Madame ne veut pas que je l'aide à se mettre au lit.

— Non, non, allez. Où est cette lettre?

— La voici, madame, et Eudoxie la tira de sa poche et la tendit à sa maîtresse, qui la prit. Mais, comme elle l'avait tirée trop précipitamment et sans précaution, elle fit tomber à terre deux louis, qui constituaient sans doute le prix de sa complaisance; elle les ramassa vivement, quitta la chambre de sa maîtresse et alla se coucher.

C'était la première fois que Thanésie recevait une lettre d'amour, même étant demoiselle. Le hasard avait fait qu'il n'était venu à aucun homme, jeune ou vieux, la pensée de lui en adresser; aussi, une fois qu'elle fut seule, c'est avec autant de curiosité que de satisfaction qu'elle considéra la missive odoriférante et galamment pliée en cœur, qu'elle avait prise des mains de sa caméristc ; seulement, en en lisant la suscription, qui ne portait autre chose que ces quatre mots : « A la belle Thanésie ! » son cœur se mit à battre avec une véhémence dont elle ne le croyait pas capable. Jamais une déclaration nette et précise ne lui avait été formulée ; des demi-mots, des soupirs, des œillades, de légers serrements de mains, c'est, jusqu'à présent, tout ce qu'elle avait récolté en semant ses coquetteries. Elle l'avait regretté tout bas, en désirant toujours de plus en plus devenir un jour l'héroïne d'une de ces intrigues romanesques, dont étaient farcis les livres dont elle faisait sa lecture habituelle ; elle avait maintes fois dévoré *Werther*, *Amélie Mansfield* et *la Nouvelle Héloïse*, et recevoir une lettre dans le genre de celles dont se composent ces romans de Gœthe, de Mme Cottin, de Jean-Jacques Rousseau, était son souhait le plus ardent. Aussi, quelle joie était la sienne ; elle la tenait donc enfin, cette première épître ! et, d'après ce que lui avait raconté sa femme de chambre, elle ne doutait pas de la nature de son contenu.

—Lisons vite, dit-elle ; puis, se ravisant : pas encore.

Elle alla fermer au verrou la porte de sa

chambre; puis, revenant à la table où, pour ce faire, elle avait déposé momentanément la missive, elle la ressaisit et s'apprêta à la décacheter; mais elle s'arrêta encore, et la déposa de nouveau.

Elle n'avait quitté ni son chapeau ni son châle, ce qu'elle fit immédiatement; elle dégraffa sa robe et l'ôta tout à fait, puis son corset, et elle alla chercher dans son armoire à glace un peignoir de mousseline rose, dont elle se revêtit. De cette manière, à son aise, elle s'étend sur son canapé, tourne et retourne la lettre entre ses doigts.

— De qui donc peut-elle être? se demande-t-elle. Ce monsieur a dit à Eudoxie qu'il m'avait déjà exprimé sa passion naissante; je ne me souviens pas que personne m'ait adressé directement ses vœux, à moins que ce ne soit ce monsieur d'un certain âge, qui... Oh! non, impossible, il a au moins cinquante-cinq ans, et puis il n'est pas beau; mais il a l'air bien comme il faut, toujours tiré à quatre épingles et parfumé; de plus, noble, un vicomte... Si c'était lui! j'aurais également lieu d'être flattée... Enfin, voyons.

Elle décacheta, ouvrit, et tout d'abord regarda la signature : « Vicomte de Croquenbouche. »

C'est bien cela! j'en aimerais mieux un autre; enfin, n'importe, lisons toujours. Mais, je ne me trompe pas, ce sont des vers, quel bonheur! On ne m'en a jamais faits.

Le vicomte écrivait :

Belle Thanésie,
Ange de ma vie!
Daignez excuser,
Mon audace extrême;
Mais c'est quand on aime
Que l'on ose oser.

Et je vous adore,
Vingt fois plus encore,
Que n'aime, dit-on,
L'enfant la galette,
Et sa clarinette,
Ou bien son bâton,
L'aveugle, pauvre être,
Qui, pour reconnaître
Son chemin, hélas!
Compte sur sa canne,
Seul fil d'Ariane,
Qui guide ses pas.

Sans repos ni trêve,
Constamment en rêve,
Je vois vos appas;
Avec vous, ma chère,
Ironie amère!
Je prends mes ébats!..

Tous deux pleins de fièvre,
Sommes lèvre à lèvre,
Et cœur contre cœur.
A ce qu'il me semble,
Nous goûtons ensemble,
Le plus grand bonheur.
L'amour sur nous plane,
De sa sarbacane,
Toujours nous visant,
Et puis il arrose
D'essence de rose
Notre front brûlant...

Mais, quand je m'éveille,
En prêtant l'oreille,
De toi je suis loin,
Et sur ta poitrine,
Tes bras, ma divine,
Ne me serrent point.
Alors je tempête,
Je me bats la tête
Le long de mon mur.
Il faut que finisse,
Un pareille supplice,
Un destin si dur.

A cet endroit, changeant de rhythme, le vicomte de Croquenbouche continuait ainsi :

J'en suis convaincu, c'est une folle espérance,
Que celle de vous voir prendre de ma souffrance
Pitié, compassion, mais je veux, sur-le-champ,
Savoir si d'ici-bas, je dois lever le camp.

Croyez ce que je dis, superbe Thanésie :
Vous tenez dans vos mains ou ma mort ou ma vie.
Demain sur le midi, si je n'ai pas de vous
Reçu quelque billet, ne fût-il qu'aigre doux,
Si j'en reçois même un qui dise que votre âme
Ne saurait quelque jour correspondre à ma flamme,
C'en sera fait de moi. Je puis, dès ce moment,
Vous inviter d'avance à mon enterrement...
Fasse Cupidon que la passion vous touche
Du malheureux vicomte Ernest de Croquenbouche!

De plus, tout au bas de la lettre, il y avait son adresse, boulevard Saint-Martin.

L'effet sur Thanésie de la lecture de cette élucubration fut qu'elle se sentit de prime abord considérablement flattée de ce qu'un vicomte, un noble, avait pris tout exprès pour elle la peine d'aligner ces phrases redondantes et chaleureuses et ces rimes sonores, puis elle s'apitoya sur le suicide que projetait Ernest de Croquenbouche, dans le cas où elle repousserait impitoyablement sa flamme, car elle donna en plein dans ce vieux panneau, qui, pour elle, il est vrai, était encore tout nouveau.

— Mon Dieu! mon Dieu! s'écria-t-elle, que l'on est malheureuse d'être belle!... Enfin, ce monsieur le vicomte est fort aimable, fort bon, de m'avoir remarquée. Les sentiments qu'il m'expriment me touchent; je ne voudrais pas, pour tout au monde, qu'il mourût à cause de moi... Et cependant, que puis-je faire? Lui répondre, l'encourager, lui donner des espérances qu'il me mettra tôt ou tard en demeure de réaliser, en venant sans doute encore me faire cette vilaine menace de suicide... Ah! je suis bien embarrassée! Si encore il était jeune, beau, je comprendrais cette ardeur, cette effervescence... Après ça, il est si bien conservé, et un noble. Oh! comme la société de ces gens-là ne doit pas ressembler à celle des autres! comme leur façon d'aimer doit être différente!... Je lui croyais cinquante-cinq ans, mais en réfléchissant, en me le rappelant, je suis persuadée qu'il en a tout au plus cinquante, et à cinquante ans il y a des hommes qui sont encore... Oh! non, n'y pensons pas. S'il meurt, j'en serai bien fâchée; mais mes devoirs, mon mari, dont la confiance en moi est illimitée; mon mari qui est jeune, lui, qui ne me trompe pas. S'il me trompait, oh!...

C'est la faute de Didier, aussi, continuait Thanésie, s'il me vient de ces pensées-là; il me laisse toujours toute seule. Comme c'est agréable! il y a des moments, enfin, où malgré soi l'on désire être deux...

Je ne puis rester seule cette nuit avec mes

pensées, continua-t-elle; allons trouver mon mari.

Elle se leva et prit une seconde clef de l'appartement de son mari, qui était suspendue à un clou près de la cheminée; elle prit en main une bougie et sortit de sa chambre, gagna le carré et s'approcha de la porte qui faisait face à celle d'où elle venait de sortir. Arrivée là, elle eut un mouvement d'hésitation; elle fut sur le point de se raviser et de rentrer chez elle. Mais ce ne fut qu'un éclair; elle se décida, mit la clef dans la serrure et entra. Elle traversa rapidement les bureaux et se trouva bientôt dans la chambre à coucher de Didier; les rideaux de l'alcôve étaient entièrement fermés; elle ne put donc voir sur-le-champ si le lit était occupé par son mari, ce dont, du reste, elle ne doutait pas.

—Il dort sans doute, puisqu'il ne m'a pas entendue entrer, se dit-elle en marchant vers l'alcôve. Elle en ouvrit les rideaux et... le lit était vide! Didier n'était pas encore rentré, et deux heures du matin avaient déjà sonné.

—Personne! il n'y est point. Pas encore rentré! c'est une horreur! où peut-il être? chez une maîtresse sans doute. Il me trompe, il me trahit! oui... et la preuve, c'est que son valet de chambre a le mot, puisqu'il m'a dit à moi, ainsi qu'à

Véronique, qu'il était revenu tout malade. Et moi qui avais des scrupules !.. et moi qui hésitais à répondre à la flamme d'un vicomte qui m'écrit en vers et menace de se tuer pour moi... Oh ! je me vengerai ! je me vengerai ! et pas plus tard que demain.

Furieuse, Thanésie reprit sa lumière et sortit de l'appartement de son époux, en faisant derrière elle claquer violemment les portes. Elle avait refermé celle du carré à double tour et allait rentrer chez elle, quand une nouvelle idée lui vint, qui lui fut inspirée par la vue d'un petit caillou qu'elle remarqua à ses pieds ; elle le ramassa, et, retournant sur ses pas, l'alla fourrer dans le trou de la serrure de Didier ; après quoi, réintroduisant la double clef dans ladite serrure, elle y broya ledit caillou. Dès lors, bien certaine que cette porte devenait impossible à ouvrir, elle regagna presque joyeuse son appartement, se mit au lit, et laissant sa bougie allumée, en attendant la venue du sommeil, elle s'occupa à relire la lettre du vicomte.

Peu après, devant la maison, s'arrêtait une voiture d'où Didier descendait. Il paya le cocher et s'empressa de rentrer ; il alluma un rat-de-cave, à la lueur duquel il gravit rapidement le premier étage. Passant très-indifféremment devant la porte de la chambre de sa femme, il gagna la sienne et se mit en devoir de l'ouvrir. Pas moyen, la clef ne tournait pas ; il la retira, souffla dedans, puis la refourra : inutile, quelqu'effort qu'il fît il ne put parvenir à la faire jouer.

— Sapristi ! se dit-il, me serais-je trompé de clef ?

Il l'examina.

—Non, c'est bien là celle de mon appartement.

Examinant alors le trou de la serrure, il se rendit compte de l'obstacle et crut à une mauvaise plaisanterie d'un de ses voisins. Il jura, tempêta, ce qui n'enleva pas une parcelle du gravier obstructeur.

— Si je savais celui qui m'a joué ce tour, continua-t-il en frappant du pied. Comment faire, vais-je donc être obligé de coucher sur le carré ? Ah ! mais non, pas possible, je suis encore gris sans doute, et je m'y serai mal pris.

Il essaya de nouveau, mais en vain.

— Allons, c'est comme si je chantais... Ignoble farceur ! vile canaille !

Réfléchissant que ses injures et ses cris n'avançaient à rien qu'à réveiller les gens de la maison et à faire du scandale, il se décida à se taire.

— Si j'allais coucher chez ma femme, se proposa-t-il.

Il jeta un coup d'œil sur sa toilette.

— Ah ! diable ! me présenter ainsi chez elle, au lieu d'être tout bonnement en robe de chambre, elle verra que je ne fais que de rentrer; elle me fera à coup sûr une querelle orageuse. Ah ! une idée.

Quelle fut cette idée ? Il se déshabille, il ôte tout, habit, gilet, pantalon et bottes ; le voilà uniquement vêtu de ses chaussettes, de son chapeau et de sa chemise.

— De cette manière, dit-il alors, je n'aurai qu'à me glisser près d'elle, sans avoir besoin de dissiper, en allumant une bougie quelconque, l'obscurité dans laquelle, à cette heure de la nuit, sa chambre à coucher est plongée. Je déposerai mes habits dans un coin de la salle à manger, et demain matin, de bonne heure, pendant qu'elle dormira, je sortirai sans bruit, je me rhabillerai, et j'enverrai quérir un serrurier pour remettre en état la serrure de mon domicile.

Ceci dit en lui-même, il l'exécuta ; car justement il avait dans sa poche une seconde clef de l'appartement de Thanésie. Dans la salle à manger, il ôta son chapeau et le plaça sur une chaise avec le reste de son costume. La porte de la chambre à coucher de sa femme était fermée.

— Pauvre biche! elle dort sans doute, ne faisons pas de bruit ; allons tout doucement.

Il ouvrit et entra ; mais, contre son attente, la pièce n'était nullement enveloppée de ténèbres, et Thanésie ne dormait pas. Elle avait cessé de lire, mais elle songeait, et le résultat de ses rêveries était la résolution de plus en plus ferme de se venger de son mari. L'apparition de ce dernier, dans le simple appareil où il se trouvait, la surprit ; de son côté, Didier se sentit un peu déconcerté ; mais, comme au bout du compte, il n'y avait dans sa démarche rien que de fort naturel et de fort légitime, il se remit sur-le-champ, et faisant éclore sur ses lèvres un sourire agréable, il fit quelques pas vers le lit.

— Vous, monsieur, vous, chez moi, à cette heure et dans ce costume ! fit Thanésie, se dressant tout à coup sur son séant.

— Pourquoi t'en étonner ? est-ce donc parce qu'il y a longtemps que je ne suis venu? J'ai eu tort, c'est vrai, et, je viens tout exprès, ma chère femme, pour te prouver mon repentir. Quant à mon costume, il n'a rien qui doive te surprendre ; je viens de me réveiller et j'ai pensé à toi. alors je n'ai pas pris le temps de me revêtir.

— Comment cela se fait-il? reprit Thanésie à haute voix, mais ne s'adressant qu'à elle-même; il a donc pu rentrer?

Didier eut peur de comprendre.

— Quoi? fit-il néanmoins.

Sans lui répondre, Thanésie sauta en bas du lit, saisit la bougie, et, passant devant son mari stupéfait, courut dans la salle à manger; elle y aperçut, sur le meuble où il l'avait déposée, la dépouille du coupable.

—Ah! je savais bien, dit-elle en revenant; je savais bien ne pas m'être abusée; vous venez de rentrer, monsieur, de rentrer à l'instant; si vous venez à moi, ce n'est pas, comme vous voudriez me le faire croire, parce que vous pensiez à moi, mais bien parce qu'il vous a été impossible d'ouvrir votre porte.

— Je t'assure, Thanésie, que tu te trompes.

—Non, je ne me trompe pas; c'est moi, monsieur, c'est moi qui ai broyé exprès un caillou dans votre serrure.

— De quel droit, madame? fit Didier vexé.

— De quel droit, demandez-vous? du droit que vous me donnez vous-même en me délaissant, en allant tous les soirs souper dehors avec des maîtresses... Ne niez pas, je sais tout.

Elle ne savait rien; mais Didier, se sentant dans son tort, ne nia pas.

—Voyons, Thanésie, ma chère femme, dit-il en se radoucissant, pardonne-moi, je t'en prie; je reviens de mes erreurs ; je serai pour toi, désormais, tendre et rempli d'attentions : pardonne-moi.

Et s'approchant de Thanésie, il la prit dans ses bras et voulut l'embrasser; mais elle le repoussa avec tant de force qu'il alla tomber tout de son long au pied du lit. La colère le prit, il se releva; mais Thanésie jeta une chaise dans les jambes de son mari; puis, s'arrêtant près de sa toilette où était une cuvette pleine d'eau :

— N'approchez pas de nouveau, dit-elle, et sortez sur-le-champ, ou sinon...

— Ou sinon, quoi?

— Vous allez voir!

— Je ne demande pas mieux.

— Vraiment. Eh bien! tenez.

Après ces mots, Thanésie saisit à deux mains la susdite cuvette, et en lança le contenu sur Didier, au moment même où celui-ci enjambait la chaise qui lui faisait obstacle.

—Tiens! papa et maman qui jouent à courir. Ah! j'en suis.

Ces mots venaient d'être prononcés par le petit

Lucien, qui, couchant dans une chambre voisine, avait été réveillé en sursaut par le vacarme qui se faisait chez sa mère ; il s'était levé et intervenait subitement. Il courut vers son père, qui, à son apparition, s'était arrêté grelottant, et lui donnant une claque :

— Tu l'es ! papa, tu l'es ! cria-t-il en riant. A ton tour, attrape-moi.

Cet incident coupa court à l'exaspération mutuelle des deux époux ; le ridicule de leur situation leur apparut sous son côté comique, et ils éclatèrent de rire.

Quand le militaire a ri, il est désarmé, prétend-on. Il en fut d'eux comme du militaire : ils se mirent, oubliant instantanément leur querelle, à morigéner Lucien :

— Pourquoi vous êtes-vous levé, monsieur ? dit Thanésie.

— Tiens, je viens jouer, moi ; vous jouez bien, vous... Au chat ! au chat !

— Regagnez votre lit, et bien vite, ou je vous donne le fouet, reprit Didier, qui, joignant le geste à la menace, appliqua une claque sur le derrière de son fils.

Cette manifestation hostile de la part de son père, qui ne l'y avait pas habitué, effraya le petit :

— Oh ! là, là ! fit-il, et il s'empressa de regagner sa chambre.

Thanésie le suivit, le recoucha, et revint se coucher elle-même, sans plus dire un mot à Didier, qui, voyant sa femme se blottir dans la ruelle, la figure tournée vers le mur, comprit qu'elle ne s'opposerait plus à le laisser se placer auprès d'elle ; il s'y mit donc, et ils s'endormirent, Didier ne songeant plus à rien, Thanésie, avec le désir et la résolution de tirer de son mari une vengeance éclatante.

XVIII

UN VIEIL AMOUREUX.

Quand on pense qu'il y a neuf ans, tout autant, que nous ne nous sommes occupés du vicomte de Croquenbouche (c'était en l'an 1811, et nous sommes en 1820), lequel vicomte, on doit s'en souvenir, était à cette époque d'un déjeté à nul autre pareil, on est en droit de supposer que s'il en reste quelque chose, ce quelque chose-là ne doit plus être bon à rien, et l'on a dû être surpris au dernier point d'apprendre que le billet doux en vers adressé à la femme de Didier émanât de ce vieux débris. Il compte maintenant cinquante ans, et à cet âge, d'ordinaire, en fait d'amour, on prend ses invalides si l'on est raisonnable. Mais le vicomte ne l'était pas, et il continuait à s'illusionner complétement sur lui-même ; le soin qu'il prenait de sa personne conservait à celle-ci son apparence presqu'agréable, et, consciencieusement, il se croyait encore capable d'inspirer une passion quelconque. A chaque femme nouvelle, qui faisait son apparition dans les salons qu'il fréquentait, il s'empressait d'adresser une épître, laquelle restait constamment sans réponse, à moins qu'elle ne tombât entre les mains d'une coquette qui feignait de la prendre au sérieux et s'amusait pendant quelque temps de son rédacteur suranné : quant à un résultat sérieux, jamais elle n'en avait eu; jamais un rendez-vous, un simple tête-à-tête n'avait été accordé au vicomte. Néanmoins, il persistait dans ses tentatives ; cela l'amusait d'avoir toujours quelqu'un après qui soupirer et à qui lancer des œillades.

Comme autrefois, le vicomte de Croquenbouche a conservé l'habitude de se lever à neuf heures du matin, et c'est vers cette heure qu'il nous apparaît le lendemain de la fameuse soirée passée par Pierre et son ami Didier chez la danseuse Florina.

Le vieux Baptiste Lafleur procédait à la toilette compliquée de son maître.

— Morbleu ! disait le vicomte à Baptiste, je ne sais ce que j'ai ce matin.

— Monsieur le vicomte serait-il indisposé ?...

— Non, au contraire; jamais je n'eus une

santé plus florissante, je me sens tout guilleret et tout gaillard; j'ai le cerveau dégagé, les idées nettes et folichonnes; si j'avais sous la main une vertu complète à battre en brèche, il me semble que j'y parviendrais.

— J'en félicite monsieur le vicomte; c'est sans doute l'effet des nouveaux médicaments que vous avez pris hier, pour la première fois, d'après les ordres de votre médecin.

— C'est probable...

— Je me sens capable de tout, même de renouveler les prouesses galantes de mon adolescence. En ai-je fait jadis! te rappelles-tu, Baptiste; j'avais parfois jusqu'à quatre maîtresses avouées, régulières; ce qui ne m'empêchait pas de saisir toutes les autres occasions, et il s'en présentait souvent; ce n'était pas comme aujourd'hui.

— Parce que M. le vicomte ne cherche pas à les faire naître.

— Tu n'es qu'un vil flatteur, Baptiste, fit le vicomte en pinçant d'un air fort satisfait le bout de l'oreille de son domestique.

— Je dis ce que je pense.

—En vérité? Eh bien, je suis de ton avis, et je prends la résolution de saisir désormais l'occasion au vol et d'aller jusqu'au bout... Tiens, j'ai écrit hier une lettre brûlante à une certaine dame que j'ai plusieurs fois rencontrée aux soirées de mon agent de change, et qui s'appelle... ma foi, je ne sais pas son nom... de famille du moins; quant à celui de baptême, c'est Thanésie... Cette lettre, qui est rédigée en petits vers, je l'ai portée moi-même, hier, chez elle, et j'ai séduit sa caméristе qui m'a promis de la lui remettre. Je demande formellement une réponse et un rendez-vous; que ces choses me soient accordées, et... en attendant, mets-moi ma perruque.

— Ah! mon Dieu, mon cher maître, que lui est-il donc arrivé? fit Baptiste, en jetant un coup d'œil sur l'objet désigné.

—A qui?... à ma perruque?... Ah! c'est vrai, je ne t'ai pas dit : j'ai failli m'incendier hier. Tu dormais quand je suis rentré, et, ne voulant pas te réveiller, je me suis défait moi-même; mais j'ai trop approché ma tête de la bougie, mes cheveux ont pris feu, je n'ai eu que le temps de les arracher, au risque de me brûler les mains, et maintenant ce toupet-là ne pourra plus me servir.

— Par bonheur, M. le vicomte en a de rechange...

— Oui, certes... où sont-ils donc déjà?

— Dans la chambre que vous avez louée en plus depuis le dernier terme, et dont la porte donne sur le carré.

— Ah! oui... à propos de cette chambre, n'oublie pas de recommander au propriétaire d'envoyer dans un bref délai les ouvriers qui doivent percer la porte qui la fera correspondre à mon cabinet de toilette; c'est on ne peut plus gênant d'être obligé de traverser le carré.

— J'ai déjà fait cette recommandation, et demain ils doivent venir...

— Très-bien. Apporte-moi tous les toupets, afin que je choisisse le meilleur.

Pour obéir à son maître, Baptiste sortit sur-le-champ de l'appartement et en laissa la porte à demi close, ne comptant pas rester longtemps dans la pièce contiguë, qui contenait les perruques, et où il pénétra.

En ce moment, une dame tout de noir habillée, la tête couverte d'un grand chapeau de couleur sombre, duquel tombait un voile épais qui lui cachait complètement la figure, frappait au vasistas de la loge du concierge de la maison habitée par le vieux vicomte, et demandait, d'une voix agitée et tremblante, à quel étage celui-ci demeurait.

— Au premier, à gauche!

— Y est-il ?

— Oh ! certainement, madame ; jamais M. le vicomte ne sort avant midi.

Suffisamment renseignée, Thanésie, car la dame voilée est Thanésie, d'un pied ferme gravit les marches de ce premier étage, et se trouva devant la porte que Baptiste venait de laisser entre-bâillée.

Pourquoi préliminairement n'y frappa-t-elle point ? Pourquoi ne tira-t-elle pas l'élégant pied de biche qui emmanchait le cordon de la sonnette ? C'est que nous ne saurions dire ; mais ce qui est certain, c'est qu'elle entra résolument et ferma derrière elle la porte du carré.

De l'étage supérieur descendait, par malheur, un gamin qui, voyant sur la porte la clef de la chambre où venait d'entrer Baptiste, trouva comique de fermer à bas bruit le double tour de la serrure ; et, sans se préoccuper de ce qui en pourrait advenir, s'en alla riant et sifflant.

En même temps, la portière, qui venait de répondre à Thanésie, s'armait d'un balai et allait nettoyer la cour.

Thanésie entra donc dans l'antichambre, où elle comptait avoir à s'adresser à quelque domestique ; mais nous savons qu'il n'y avait personne. Se voyant seule, elle se déconcerta quelque peu, et alors seulement se prit à réfléchir. L'inconséquence excessive qui constituait sa démarche lui apparut dans tout l'éclat de sa monstruosité, mais ce fut un éclair; le souvenir de la flagrante infidélité de son mari lui revint à l'esprit, et fit évanouir le scrupule tardif qui lui conseillait de sortir comme elle était entrée, et de retourner au plus tôt chez elle. Elle fit un geste de suprême résolution, et voyant en face d'elle une porte à demi ouverte, celle de la chambre à coucher du vicomte, elle la poussa et en franchit le seuil. Le vieux vicomte de Croquenbouche tournait le dos à la porte d'entrée; il était dans un costume léger, car il ne se composait que d'une robe de chambre, d'un simple caleçon de flanelle rouge et d'un gilet de même tissu; au bruit que fit Thanésie en entrant, il ne se retourna pas, mais croyant au retour de son valet de chambre :

— Baptiste, dit-il, hâtez-vous donc un peu.

Thanésie, à la vue du crâne chauve du vieux vicomte, ne put s'empêcher de pousser un léger cri.

Le vicomte de Croquenbouche, tout étonné, se retourna :

— Une femme, s'écria-t-il, et, jetant dans la glace voisine un regard hébété de stupéfaction, il aperçut son crâne dans toute la splendeur de sa complète calvitie ; alors il se précipita vers le toupet incendié, et, sans plus réfléchir, se l'enfonça convulsivement jusque sur les sourcils ; puis il s'avança galamment près de Thanésie, restée immobile jusqu'alors, mais qui chancela tout à coup, et qui fût tombée évanouie sur le parquet, s'il ne l'avait à propos retenue, en lui prenant la taille dans son bras droit ; du gauche, il releva le voile qui lui cachait encore les traits de la visiteuse, et la considéra :

— Elle ! elle ! s'écria-t-il d'abord avec joie ; puis, avec un certain dépit, il continua : Morbleu, elle m'a vu dans ce simple appareil... peut-être pas, au fait, je lui tournais le dos, et elle s'est trouvée mal juste au moment où je m'approchais d'elle. Ne la faisons pas revenir, déposons-là tout doucement sur le sofa, et hâtons-nous de nous faire achever notre toilette.

Il étendit Thanésie sur le canapé, et se convainquit avec une grande satisfaction qu'elle était entièrement privée de l'usage de ses sens.

— Baptiste ! Baptiste ! appela-t-il ; viendra-t-il ce satané drôle ?... Oh ! une idée, continua-t-il ; si je profitais de la pamoison de cette belle pour lui donner un baiser avant de terminer ma toilette ; l'occasion est belle, et puis d'ailleurs je suis dans mon droit. Si elle vient ce matin, ayant reçu ma lettre hier, c'est qu'elle est disposée à correspondre à mon amour ; éveillée, elle ferait probablement des manières ; elle ne voudrait pas capituler, et si je tentais de l'y contraindre, elle se défendrait. Qui sait, pensa-t-il, peut-être n'est-elle pas évanouie du tout, et est-ce un moyen qu'elle-même m'offre pour en finir promptement... Oh ! les femmes ! les femmes ! quand elle s'y mettent, quelle dépravation !

Ce qu'il pensait là était à moitié vrai : Thanésie n'était pas évanouie du tout, c'était une contenance qu'elle avait voulu se donner, mais seulement une contenance ; elle ne désirait pas que le vicomte en finît promptement, ni lentement non plus, car elle avait entr'ouvert les paupières en l'entendant manifester l'intention de profiter de sa léthargie ; et, le voyant tel qu'il était, c'est-à-dire l'air à faire frémir, elle s'apprêtait à une résistance vigoureuse, s'il donnait suite à son idée. Elle continua à le guigner du coin de l'œil ; elle le vit tendre le bras et s'avancer ; alors, prompte comme l'éclair, elle se redressa, et, d'un coup de poing asséné avec une violence toute virile entre la joue et le sourcil, elle fit jaillir de son orbite le faux œil du vieil amoureux.

La douleur que le coup de poing de Thanésie fit éprouver au vicomte de Croquenbouche fut si violente, que celui-ci poussa un cri ; il faillit perdre en outre l'équilibre, et, pendant le peu de temps qu'il employa à reprendre son centre de gravité, la femme de Didier, d'un seul bond, gagna la porte restée ouverte ; mais Ernest fit une enjambée, étendit le bras, et d'une main l'empoigna par sa robe de soie et la força de revenir à reculons jusqu'à lui ; puis, sans mot dire, il l'enlaça, et avant qu'elle eût eu le temps de se reconnaître, lui appliqua sur la joue un baiser.

—Monsieur ! monsieur ! fit Thanésie, se délivrant de son étreinte et fuyant, mais, cette fois, du côté opposé à la porte, devant laquelle Croquenbouche se plaça vivement, —vous n'abuserez pas de ma position ; vous ne tirerez pas avantage de l'imprudence d'une pauvre femme qui...

— Madame, répliqua Ernest sans la laisser achever, il vous sied bien, ma foi, de faire appel à ma délicatesse. Si, après avoir lu la lettre que je portai moi-même chez vous, hier au soir, vous vous êtes décidée à me rendre visite, ce n'était pas, je pense, uniquement dans le but de venir m'appliquer sur l'œil le formidable coup de poing dont je suis tout endolori…Ce procédé inattendu me blesse de toutes les façons, au physique autant qu'au moral ; je prétends donc en tirer une douce vengeance. Je vous tiens, madame, et je ne vous lâche pas ; vous répondrez à mon amour, sinon de gré, du moins de force.

— De force, monsieur, de force, reprit Thanésie effrayée, oh ! vous n'oserez pas…

— J'oserai tout, au contraire…

Et il s'avança vers elle. Thanésie recula, mais le canapé, sur lequel tout à l'heure elle s'était évanouie, la heurta au jarret et elle y retomba assise. Au même instant, le vicomte s'élança et s'agenouilla devant elle.

Une pause est nécessaire ici.

Au même instant où Thanésie sortait du domicile conjugal pour se rendre où elle est en ce moment, Didier recevait dans ses bureaux une lettre qui lui rappelait qu'à onze heures, il devait aller en personne faire un remboursement chez le vicomte de Croquenbouche, demeurant boulevard Saint-Martin. Ce dernier n'était pas son client habituel ; c'est par suite d'une mutation, d'un transport opéré par l'un de ses confrères qu'il se trouvait avoir à faire cette démarche.

Onze heures viennent de sonner; une voiture s'arrête devant la porte de la maison du vicomte et Didier en descend ; du fond de la cour où elle balaye encore, la portière lui apprend qu'il n'a qu'un étage à gravir. Il monte, et, arrivé sur le carré, entend Baptiste frapper à coups de poings sur la porte fermée à double tour par le gamin, et appeler, afin qu'on vienne le délivrer. Didier lui rend ce service et apprend qu'il parle au domestique de celui chez lequel il vient.

— Introduisez-moi près de votre maître.

— A l'instant. Tiens, la porte n'est plus ouverte ; je l'avais laissée cependant. Heureusement, j'ai la clef dans ma poche.

Baptiste rentre et Didier le suit ; ils entendent la fin de la lutte entre Thanésie et le vicomte.

— Qu'est-ce que cela ? demande Didier.

— Je ne sais. Oh ! mon Dieu ! serait-il arrivé un accident à mon bon maître ?

Tout inquiet, il pénètre dans la chambre à coucher accompagné de Didier.

Ils poussent un cri, que disons-nous ? deux cris, l'un d'étonnement et l'autre de fureur.

Didier, qui a reconnu sa femme, s'élance, empoigne le vicomte et l'envoie rouler à quelques pas : Thanésie est terrifiée en le reconnaissant.

—Venez, madame, lui dit-il, en contenant la colère qui le transporte. Venez, et, la saisissant par le bras, il l'oblige à se lever et la pousse vers la porte de sortie. A moitié folle, Thanésie en profite pour fuir.

Didier va la suivre... mais se ravisant :

— Non, dit-il ; je ne dois pas sortir d'ici sans châtier ce vieux drôle. Il cherche autour de lui, et, par malheur pour le vicomte, il aperçoit dans une encoignure un rotin superbe ; il le prend, et en assène une dizaine de coups sur le vieux libertin, qui crie comme un malheureux ; ensuite, il rejette son arme et sort majestueusement en ajoutant ces mots :

— Vous aurez encore de mes nouvelles, monsieur. Demain, je vous enverrai deux témoins et je vous tuerai, ou le diable m'emporte !

Le lendemain, en effet, deux témoins se présentèrent ; mais la concierge leur apprit que la veille au soir, le vicomte, après avoir payé le reste de son année de loyer, était parti en chaise de poste avec son domestique, sans dire où il allait, et s'il reviendrait jamais à Paris.

Thanésie, à qui le grand air avait rendu ses sens, comprit qu'une séparation devait résulter entre elle et son mari des événements de ce jour. Elle se réfugia chez ses parents, qui firent en vain tout ce qui leur fut possible pour rapprocher les deux époux ; il fut bien arrêté, bien convenu qu'ils n'habiteraient plus ensemble, que Didier ferait une pension à sa femme et qu'il garderait avec lui son fils.

XIX

HUIT ANS APRÈS.

Par une belle matinée du printemps de l'année 1828, une femme âgée de trente-sept ans, mais qui paraissait tout au plus avoir atteint la trentaine, tant elle était fraîche et jolie encore, gravissait à pas tranquillement précipités, si l'on peut s'exprimer ainsi, la chaussée des Martyrs, et gagnait la barrière Montmartre. Une certaine préoccupation, doucement mélancolique, était empreinte sur son visage, mais se dissipait de temps à autre pour faire place à un éclair joyeux de satisfaction intime. Le sourire qui faisait alors s'entr'ouvrir ses lèvres n'était pas dénué d'une certaine expression de malice gentiment menaçante, comme celui, par exemple, que l'on adresserait à quelqu'un dont on projetterait de se venger par une bonne action.

Lorsque la jolie dame en question eut fait quelques pas en dehors de la barrière Montmartre, elle s'arrêta comme indécise du chemin qu'il lui fallait prendre Elle réfléchit, puis fouilla dans sa poche et en tira une lettre, qu'elle ouvrit et qu'elle parcourut du regard pour y chercher sans doute le renseignement dont elle avait besoin. Elle le trouva bientôt :

— Ah! oui, fit-elle, rue du Télégraphe, n° 7, chez M. Camusot.

Alors elle s'informa, auprès d'un commissionnaire qui stationnait au coin du restaurant de la *Boule Noire,* du chemin le plus court à prendre pour gagner cette rue ; il le lui indiqua, et elle se remit en marche.

La lettre susdite était adressée à M. Pierre Moulin, rue du Faubourg-du-Temple, n° 46, au magasin de nouveautés de la *Bonne foi.*

Voici ce qu'elle contenait :

« Paris, ce 15 avril 1828.

« Monsieur,

« Vous souvenez-vous de moi? Ce n'est guère « probable, car il y a huit ans que nous nous « sommes vus pour la première et la dernière « fois. Pourtant les circonstances de notre ren- « contre et ses suites, que je vais vous rap-

« peler ici, ne peuvent manquer de vous rendre « la mémoire. C'était chez Florina, alors pre-« mière danseuse au théâtre de la Gaieté et mon « amie intime ; vous y fûtes amené par votre « ami, Didier Beaumont, qui était son amant ; « nous soupâmes ensemble. Pendant ledit sou-« per, vous fîtes ma conquête. Vers une heure « du matin, nous partîmes ensemble, nous prî-« mes une voiture, et, dans cette voiture, vous « me séduisîtes.—J'espère que je vous mets les « points sur les *i*.—Vous rappellerai-je de plus « que notre automédon était gris et manqua « d'écraser une pauvre femme qui se trouva « être la vôtre ? —Mauvais sujet ! moi qui vous « croyais libre...—Je fis du bruit à votre porte, « une patrouille me ramassa, et je couchai à la « salle Saint-Martin. Le lendemain, ma fureur « contre vous était extrême, et je projetais de « me venger en vous occasionnant mille mi-« sères dans votre ménage ; à cet effet, je me « dirigeai à pied vers votre domicile, lors-« qu'un monsieur, fort décoré, fort bien mis et « doué d'un âge respectable, se rencontra sur « ma route. Il me trouva à son gré et me fit un « clin d'œil ; j'y répondis. Il s'approcha de moi « et me fit des propositions déshonnêtes, mais « brillantes. Il m'offrit de m'entretenir à cinq

« cents francs par mois ; j'acceptai tout de suite, « et, par conséquent, renonçai sur-le-champ à « mes poursuites à votre égard. Neuf mois « après, j'étais mère, non de son fait, mais bien « du vôtre. Si je ne vous le fis pas savoir, c'est « qu'il était heureux de se croire le père de mon « petit garçon (c'est d'un petit garçon que j'étais « accouchée), et que de cette naissance sa bien- « veillance pour moi s'était prodigieusement « augmentée. Il se chargeait, dans l'avenir, de « la fortune du petit, et par suite de la mienne. « Sa conviction dura jusqu'au mois dernier, « où une circonstance, qu'il m'est parfaitement « inutile de vous relater ici, vint le désabuser « complètement. Il obtint à n'en pas douter la « preuve que je l'avais pris pour dupe, et qu'il « n'était pas le père de mon enfant ; il y eut des « reproches, des pleurs même, car il s'était at- « taché au petit ; mais il ne nous en abandonna « pas moins tous deux à notre malheureux sort ; « quand je dis malheureux, ce n'est pas tout à « fait le mot, car j'ai fait des économies, et je « suis tout à fait à l'abri du besoin. Néanmoins, « dans ma position de femme entretenue, un « fils est fort gênant, et je ne puis continuer « à le garder à ma charge. J'ai fait la con- « naissance d'un certain Russe, fort riche,

« qui m'emmène dans son pays, mais qui ne « consent pas à emmener mon fils. A qui puis-je « donc le confier? A vous seul, je pense, et je « suis convaincue que vous partagerez mon « opinion; d'ailleurs, quand vous recevrez cette « lettre, j'aurai quitté Paris pour n'y plus re- « venir. L'enfant est en pension à Montmartre, « rue du Télégraphe, n° 7, chez M. Camusot « Il se nomme Auguste Millot; il vous ressemble « au point que c'en est extraordinaire, et c'est, « ma foi, bien heureux, car, sans cette cir- « constance-là, vous pourriez bien ne pas ajou- « ter une foi entière dans ma déclaration, la- « quelle, je vous le jure, est de la véracité la « plus complète. On vous remettra l'enfant sans « nulle difficulté, car j'ai écrit à M. Camusot « dans le même sens que celui de cette lettre; « il vous suffira de la lui exhiber et de lui payer « le dernier semestre de la pension d'Auguste, « qui est échu depuis le 1er avril.

« Tout à vous,

« TRINETTE MILLOT ! »

La lettre de Trinette était arrivée le matin par la poste au domicile de Pierre Moulin; mais celui-ci était absent. Véronique la prit pour une lettre d'affaires, la décacheta et en prit connaissance. Sa surprise et son émotion furent extrêmes; mais ce qui le fut plus encore, c'est le sentiment d'indignation qu'elle éprouva contre Trinette.

— Mauvaise femme! dit-elle trois fois de suite, et avec une expression croissante de mépris douloureux. Abandonner son fils, renoncer de gaieté de cœur à ses caresses, à ses sourires... Ah! Dieu est bien injuste de faire naître des enfants à de telles marâtres et de les leur conserver... Il m'a enlevé le mien, à moi... à moi, qui l'aurais tant aimé, qui ne me serais jamais séparée de lui... et Pierre donc, eût-il été content, heureux, fier de son fils... Mais, que dis-je, il va pouvoir l'être...

Cet événement, qui va être un bonheur pour Pierre, en sera un aussi pour moi. Pour n'être pas né de moi, ce fils n'en sera pas moins mon fils comme le sien, et j'en aurai tant soin, je l'aimerai tant, que son père, j'en suis sûre, m'en chérira davantage. Et Dieu, que j'accusais d'injustice, lui à qui il eût été si facile de faire une bonne mère de cette Trinette Millot, lui qui est cause que cette lettre arrive pendant l'absence de Pierre, et tombe entre mes mains au lieu de tomber dans les siennes... Pardon! mon

Dieu, pardon! vous me dictez mon devoir, et je le remplirai sur-le-champ... oui, sur-le-champ. Je vais aller à la pension de ce petit Auguste; je vais le faire demander, puis... puis je le ramènerai ici. Je l'habillerai bien gentiment; et quand son père reviendra à l'heure du dîner, il trouvera, d'avance attablé, un beau garçon; car il est beau, s'il lui ressemble. Il me demandera : — Qui donc est ce petit? — Regarde-le, lui répondrai-je. — Eh bien! — Tu ne trouves pas qu'il ressemble? — A qui donc? Car il ne devinera certainement pas tout de suite. Alors, je les prendrai tous les deux par la main, le père à droite, le fils à gauche, et je les conduirai devant la grande glace. Pierre reconnaîtra ses propres traits, et je lui dirai enfin tout... Oh! quel bonheur! quel bonheur! dépêchons...

Pendant ce petit discours, que Véronique vient de s'adresser à elle-même, de douces larmes ont mouillé ses yeux; sans prendre le temps de les essuyer, elle est montée à sa chambre, a mis vite son châle et son chapeau, et a pris la route du faubourg Montmartre, au haut duquel elle se trouvait au commencement de ce chapitre.

Elle a continué à marcher, et la voilà qui sonne à la porte du n° 7 de la rue du Télégraphe, au-dessus de laquelle porte se lisent, sur fond noir, en lettres blanches, les phrases suivantes :

UNIVERSITÉ DE FRANCE.

ACADÉMIE DE PARIS. PENSION CAMUSOT.

Juste au moment où Véronique franchissait le seuil de la porte qui venait de lui être ouverte, la cloche de la récréation de midi retentissait, et une foule de petits galopins, dont le plus âgé avait douze ans, sortait des classes et, criant, bondissant, venait jouer dans la cour. Du fond de sa loge, et seulement en tirant le cordon, le concierge avait ouvert, mais ne s'était pas dérangé pour venir au devant de la visiteuse, de manière que Véronique se trouva la seule grande personne au milieu de cette cohue joyeuse et enfantine.

— Oh ! une belle dame ! une belle dame ! se mirent à crier les moutards.

— C'est-y ta mère, Brisquet ?

— C'est-y la tienne, Canuche ?

— Bonjour, madame, dirent les plus graves en ôtant leur casquette.

— Donnez-moi un sou, hein ? demanda le plus espiègle.

— Oh ! ce qu'il fait, répliqua un autre ; il demande de l'argent à la dame ; je le dirai à monsieur.

— Toi! rapporteur.

— Oui, moi !

— Avise-t'en, et je te flanque une bonne claque.

— T'oserais pas.

— Non, tu vas voir... vlan! l'as-tu reçu?

— Oh ! là ! là !

Il l'avait reçue en effet et se mit à crier comme un aveugle, ce qui attira sur le perron, par lequel on montait aux classes, un grand monsieur fort maigre, et vêtu d'un habit gras et râpé.

Véronique était demeurée témoin impassible de la lutte et de son résultat, car elle ne s'occupait à autre chose qu'à considérer les traits de toute cette marmaille, afin d'y reconnaître l'enfant qui ressemblait à son mari ; mais c'était en vain : aucun d'eux ne présentait l'analogie frappante qu'annonçait dans sa lettre Trinette Millot.

Le grand monsieur l'aperçut enfin, et pour rétablir le bon ordre distribua quelques calottes, tout en s'acheminant vers elle :

— Madame, permettez que je vous présente mon respect, dit-il en l'abordant.

— Je vous salue, monsieur ; c'est sans doute à monsieur Camusot lui-même que j'ai l'honneur de parler...

— Non, madame ; pour le moment, M. Camusot est absent.

— Et tardera-t-il à rentrer ?

— Demain seulement, madame ; il est à la campagne.

— Ah ! c'est fâcheux...

— Oui, madame ; mais je puis le remplacer, peut être ; je suis le principal... S'agit-il d'un enfant que vous désireriez confier à nos soins... Bon air, bonne nourriture... Bonne éducation, le français, le latin, le grec, l'anglais, les sciences exactes, les sciences abstraites : tout s'enseigne en ces lieux et avec succès, j'ose le dire ; nous avons des répétitions au collége Bourbon, et l'an dernier le prix d'honneur fut près d'être remporté par un de nos élèves. S'il n'avait pas été si jeune, et s'il n'avait pas été fait de passe-droit à son détriment, il eût certes été couronné de la main même du ministre, ainsi que cela se pratique en ces occasions, comme vous le savez sans doute, madame.

Tout cela avait été débité avec une telle volubilité que Véronique n'avait pu placer une parole. Heureusement, à cet endroit de sa période, le monsieur maigre fut interrompu par une balle, qui, mal lancée par l'un des élèves, vint lui donner en plein œil. Il poussa un cri de douleur et s'arrêta court; Véronique en profita, et lui dit :

— Non, monsieur; je viens seulement pour voir et emmener Auguste Millot...

En entendant ce nom, deux gamins de six ans au plus, qui, les deux mains derrière le dos, étaient restés en contemplation devant Véronique depuis son arrivée, s'écrièrent :

— Guguste? il est en retenue.

— Il est au cachot.

— Il n'a pas été sage.

— Il a fait du chocolat.

— Allez jouer, *messieurs*, leur dit d'un air digne le principal, accompagnant sa phrase d'un geste majestueux.

Les deux messieurs obéirent et s'éloignèrent, mais non sans répéter encore entre leurs dents : Il est en retenue, il n'a pas été sage, il a fait du chocolat...

— La vérité, madame, sort de la bouche des enfants, reprit le principal : Auguste est en effet en retenue pour le moment.

— Qu'a-t-il donc fait, monsieur?

— Du chocolat, madame.

— Je ne comprends pas, monsieur... C'est donc une faute de faire du chocolat?...

— Oui, madame ; quand on en fait pendant la classe et dans son pupitre... Figurez-vous que ce petit garçon, qui ne manque pas d'intelligence, du reste; qui fait ses devoirs avec exactitude et soin, et qui est presque toujours le premier dans tous les concours auxquels il prend part ; que ce petit garçon, dis-je, a des inventions incroyables, dont son pupitre est le réceptacle ordinaire. Il a d'abord commencé par y élever des cochons d'Inde ; on l'a puni; il n'en a tenu compte. Il y a nourri ensuite des vers à soie ; on l'a puni ; il n'en a tenu compte. Enfin, en dernier lieu, ne s'est-il pas procuré une petite lampe à esprit de vin, une casserole, et pendant les leçons ne s'amusait-il pas à faire cuire du chocolat. Triple récidive, madame! il méritait donc le cachot ; on l'y mit ; il y est.

— Et je ne puis le voir ?

— Non, madame. M. Camusot, en partant, l'a recommandé à toute la fermeté de ma sévérité.

— Et l'emmener non plus ?

— Encore moins, madame ; vous devez le comprendre... Désolé de vous désobliger, mais les ordres que j'ai reçus sont précis.

— Faire du chocolat, ce n'est pas un grand crime.

— Relativement, madame, c'en est un. Si M. Camusot était là, peut-être lèverait-il la punition; mais, moi, je ne puis rien.

— Je vous en prie, monsieur, le voir seulement ?

— Impossible, madame, lui fussiez-vous mère, tante ou cousine. Lui êtes-vous mère, tante ou cousine?

— Peu importe, monsieur.

— Il m'importe beaucoup, au contraire; car vous ne m'avez pas encore fait l'honneur de me dire de la part de qui vous venez.

— De la part de sa mère, dont voici une lettre que je dois présenter à M. Camusot.

—Revenez donc alors, madame, quand M. Camusot y sera.

— Demain, seulement ?

— Seulement.

— Mais, monsieur, je voudrais pourtant bien le voir.

— Impossible.

— Si, pour avoir cette bonté, vous consentiez à accepter...

Et Véronique tira sa bourse; le principal comprit et l'arrêta d'un geste :

— Madame, n'achevez pas ; j'ai ma consigne, et m'offrissiez-vous cent mille francs, je ne la violerais pas.

— Monsieur...

— Vous m'offensez, madame. A demain, madame, à demain, M. Camusot y sera.

Et le principal s'éloigna, après avoir salué Véronique avec une raideur digne et respectueuse.

Véronique, toute triste et désappointée, prenait le chemin de la porte de sortie, lorsqu'un gamin, celui qui lui avait demandé un sou et qui avait tout écouté, s'approcha d'elle, la tira par sa robe et, à mi-voix, lui dit :

— Si vous voulez me donner un sou, je vous le ferai voir, moi, Guguste.

— Toi, mon petit garçon ?

— Oui, madame, mais faut me donner un sou pour m'acheter une toupie.

— Tiens, mon petit, tiens, en voilà dix, en voilà vingt.

— Oh ! quel bonheur, je vas acheter vingt toupies.

— Conduis-moi...

— Par ici, il est dans le pigeonnier.

Véronique et son jeune guide se dirigèrent derrière le bâtiment des classes, auquel était adossé un pigeonnier dénué de pigeons.

— Guguste ! Guguste ! appela l'amateur de toupies.

— Qu'est-ce qui m'appelle ? dit une voix enfantine qui fit bondir le cœur de Véronique.

— Moi, Dodophe ! C'est une dame qui veut te voir.

— Voilà.

Et à l'une des lucarnes, qui avaient été autrefois l'entrée des pigeons dans leur nid, apparut une tête blonde et rose, dont la bouche prononça les mots : Bonjour, madame.

La ressemblance était frappante ; c'était Pierre lui-même, Pierre tout jeune, Pierre enfant. Véronique poussa un cri de joie, envoya du bout de ses doigts un baiser à Auguste, et, comme une folle, s'enfuit en lui disant :

— A demain ! à demain !

Une heure après, elle rentrait chez elle, et attendait avec impatience le retour de son mari, à qui elle avait à donner une si heureuse nouvelle.

XX

AUGUSTE MILLOT.

Pierre rentra enfin. Pendant les huit ans qui se sont écoulés, il est un peu plus changé que Véronique, mais très-peu cependant. Il a quarante et un ans sonnés, mais ses traits n'en accusent que trente-cinq ; c'est toujours cette même tête, d'une beauté remarquable, d'une expression douce et bienveillante ; peut-être a-t-il l'air plus posé, plus grave, plus réfléchi qu'autrefois ; mais cette gravité, on le voit bien, ne tire pas son origine de tristes préoccupations. Quant au sourire, qu'en entrant il adresse à sa femme, il est aussi radieux que jadis, et le baiser qu'il lui met sur le front est au moins aussi tendre, s'il ne l'est davantage.

— Ah ! te voilà enfin, ne put s'empêcher de dire Véronique.

— Comment cela, enfin? répondit Pierre. Mais, chère amie, il me semble qu'aujourd'hui je suis de retour plus tôt que je n'en ai l'habitude ; chaque semaine, à pareil jour, mes recouvrements me tiennent d'ordinaire éloigné de toi jusqu'à cinq heures, et à peine en est-il quatre et demie.

— Cela est vrai, mais...

— Mais, quoi?

— Rien, je te désirais plus que d'habitude, voilà tout.

— Voilà tout, dis-tu, oh! non, certes, ne voilà pas tout, Véronique; tu as quelque chose d'animé dans la physionomie qui me présage un événement quelconque.

— Un événement! et lequel donc?

— Puis-je le savoir? est-il heureux au moins?

— Oh! oui, bien heureux.

— Ah! tu vois. Eh bien, voyons, qu'est-ce que c'est?

— Je ne suis qu'une maladroite de n'avoir pas pu effacer de ma physionomie la trace du bonheur que j'éprouve.

— Tu voulais donc me le cacher, égoïste!

— Égoïste, dis-tu, oh! non, car le bonheur, c'est à toi surtout qu'il arrive.

— A moi? oh! mais, tu piques ma curiosité à

un point extrême, sais-tu ; parle vite, je suis sur des charbons ardents.

— Mais si je parle, mon Pierre, ce sera détruire de mes propres mains l'édifice de surprise joyeuse que je m'étais plue à bâtir à ton intention.

— Alors, madame, continua Pierre en s'asseyant et en attirant Véronique sur ses genoux, dans un cas comme celui-là on agit autrement. Lorsque l'on a à faire aux gens une surprise qui doit les surprendre, au lieu d'allumer dans ses beaux yeux l'éclair scintillant qui y brille, on les éteint, on fronce le sourcil ; au lieu de laisser sur ses lèvres un gai sourire, on fait la moue, on semble de mauvaise humeur.

— Bah ! tu l'eusses de même remarqué, et au lieu de me questionner sur une joie réelle, tu n'aurais pas manqué de le faire à propos de ma tristesse feinte, ainsi...

— Ainsi, vous n'avez plus qu'à vous exécuter franchement et courageusement.

— Oui, courageusement, tu as bien raison de le dire.

— Vrai ! c'est donc bien terrible ?

— Ne ris pas, car la joie fait mal, dit-on...

— Certaines joies, c'est possible ; mais celle

que tu as à me faire éprouver ne doit pas être de celles-là.

— Qui sait?

— Elle en est? fort bien, je l'admets, et je me cuirasse par avance contre toute violente émotion.

— Bien vrai?

— Parole d'honneur! allons, dis.

— Oh! si tu pouvais deviner, j'aimerais mieux cela.

— Je ne suis pas fort sur les charades et les rébus, tu sais bien que jamais je ne devine ceux que publient les journaux.

— Écoute, Pierre; cherche, imagine, invente, pense à toutes les choses que tu as pu désirer depuis que nous sommes mariés, ou que tu désires encore; rappelles-toi tous les bonheurs, un entre autres, que tu as éprouvés, et qui t'ont échappé, et pense celui-là se réalise...

— Véronique, prends garde, en effet, s'écria Pierre en devenant tout à coup sérieux, en se levant et éloignant sa femme, et en fixant sur elle un regard anxieux; tu donnes ici le champ libre à mes suppositions, tu m'as dit de me rappeler tous les bonheurs, un entre autres, que j'ai éprouvés et qui m'ont échappés, et de penser que celui-là se réalise.

— Oui, Pierre, je te l'ai dit et je le répète...

— Mais de tous ces bonheurs, il n'en est qu'un, un seul et le plus grand de tous, que Dieu nous avait envoyé et qu'il nous a repris.

— Eh bien? fit Véronique.

— Eh bien! ce ne peut être, ce n'est pas celui-là : le pauvre petit est bien mort, moi-même l'ai conduit à sa dernière demeure. Dimanche dernier encore, n'allâmes-nous pas ensemble déposer sur sa tombe des fleurs et des couronnes... oh! pauvre enfant, pauvre enfant...

Des sanglots interrompirent le malheureux Pierre, et Véronique de pleurer aussi... mais moins amèrement, car elle savait, elle! aussi prit-elle la main de son mari en lui disant :

— Ne pleure pas et espère, mon ami.

—Quoi! que puis-je espérer?... Tu es cruelle, Véronique.

— Non, je cesse de me taire, je vais tout te dire.

— Est-ce bien vrai?

— Oui, et deux mots sans doute suffiront à t'éclaircir.

— Parle! ces deux mots, quels sont-ils?

— Trinette Millot.

— Hein! quoi? qu'est-ce que c'est que Trinette Millot?

— Tu ne te souviens plus... de cette soirée passée avec Didier chez une danseuse et qui se termina...

— Oh! que viens-tu me rappeler là, Véronique, et dans quel moment!

— Il le faut bien, Pierre, puisque...

— Achève, achève vite.

Tout ce que Véronique eut la force de faire, ce fut de tirer de sa poche la lettre qu'elle avait reçue le matin et de la tendre à son mari, qui s'en saisit avidement, l'ouvrit et la lut avec une agitation vague, indéfinissable d'abord, puis plus attentive, puis enfin il pâlit, chancela, et, brisé de surprise et d'émotion, tomba haletant sur la chaise que lui avança Véronique; il demeura quelques secondes sans mouvement et sans voix, et lorsqu'il retrouva la parole, ce furent les mots suivants que prononça sa bouche :

— Un fils, mon Dieu! un fils!... oh! Seigneur, que vous êtes bon et que je vous rends grâce!...

Puis, se tournant vers sa femme et songeant que celle-ci n'avait pas lieu de ressentir comme lui ce bonheur, il lui tendit les mains en lui disant :

— Pardon!

— Tu crois devoir me demander pardon, Pierre, oh! c'est mal, reprit Véronique; comment me juges-tu donc, que tu me supposes moins heureuse que toi, du bonheur qui t'arrive! Ton fils, mais il sera le mien, mais je l'aimerai autant que tu l'aimeras; tu me le permettras, n'est-ce pas? Tu me laisseras conquérir dans son affection une place égale à la tienne, et si je la conquiers, tu ne seras pas jaloux...

— Oh! bonne, bonne Véronique, s'écria Pierre tout ému et ne cherchant pas à retenir les joyeuses larmes qui coulaient de ses yeux.

Véronique pleurait aussi.

Ils se jetèrent enfin dans les bras l'un de l'autre, et cette étreinte fut peut-être la plus douce qu'eussent encore échangée les deux époux.

Pierre se dégagea le premier, et Véronique remarqua que tout à coup une certaine inquiétude anxieuse rembrunissait son front; il ouvrit de nouveau la lettre de Trinette Millot, et au fur et à mesure qu'il la parcourait encore du regard, un doute poignant paraissait l'envahir. Véronique devina quelle était sa pensée : elle s'approcha alors, et par-dessus son épaule, relisant en même temps que lui, lorsque tous deux en furent arrivés à cette phrase de la lettre : « *Il vous ressemble tant, que c'en est extraordinaire!* » de son doigt elle la souligna et fit un signe de tête affirmatif.

— Comment peux-tu le savoir? demanda Pierre; est-ce que tu l'as vu?

— Oui.

— Quand cela?

Véronique fit alors à Pierre le récit de sa course à la barrière Montmartre, de son entrée dans la cour du pensionnat de M. Camusot, de sa conversation avec le principal, du refus de celui-ci de violer sa consigne, et enfin de l'apparition de la blonde tête d'Auguste à la lucarne du pigeonnier.

Pierre, tout à fait convaincu, voulait dans son impatience prendre une voiture et aller sur-le-champ renouveler la tentative de Véronique, mais celle-ci lui fit observer qu'il était tard, que les enfants seraient peut-être rentrés au dortoir, et que, dans tous les cas, M. Camusot étant encore absent, le principal refuserait sans doute de nouveau de prendre sur lui d'accorder la permission d'enlever Auguste. Il fallut donc bien se résoudre à attendre jusqu'au lendemain. Il va sans dire que toute la soirée et une grande partie de la nuit se passèrent en une conversation dont Auguste fit tous les frais.

Le lendemain de grand matin, le ménage Moulin fut sur pied, et ce n'était pourtant qu'à une heure de l'après-midi qu'il fallait prendre le chemin de la rue du Télégraphe. Que faire, mon Dieu ! que faire, pour s'occuper jusque-là?... Six grandes heures à dépenser! Véronique trouva le moyen de les remplir : elle proposa à Pierre d'aller ensemble jusqu'au boulevard pour y faire l'acquisition d'une multitude de jouets.

— Oh! oui, tu as raison ; c'est une bonne idée cela. Pendant les premiers jours qu'il sera avec nous, le pauvre enfant va se trouver tout désorienté, tout triste peut-être, et il faudra bien quelque chose pour le désennuyer.

Deux heures après, ils revenaient chargés comme de véritables mulets. Pierre portait un polichinelle sous le bras droit, un arlequin sous le bras gauche, un tambour d'une main, un jeu de quilles de l'autre; aux boutons de sa redingote étaient suspendus une trompette et un bilboquet. Véronique était chargée de deux boîtes, l'une contenant des militaires, l'autre une bergerie, puis d'un harmonica, d'un cerceau, d'une comédie et d'un jeu de patience. Ils ressemblaient à s'y méprendre à une boutique ambulante, et leur aspect faisait rire les passants, ce qui leur était bien égal ; ils renvoyaient leur sourire aux railleurs, et ce sourire-là semblait dire :

— Moquez-vous de nous, moquez-vous, nous nous en moquons bien, allez ! c'est jalousie de votre part. Vous voudriez bien, comme nous, avoir un cher enfant à qui ménager des surprises...

Il passa cependant auprès d'eux une personne qui leur adressa autre chose qu'un sarcasme ou un rire moqueur; c'était un bon vieux de soixante-dix ans au moins, avec de longs cheveux blancs bouclés; il marchait tremblotant et s'appuyant sur une canne. En les voyant de loin, il s'arrêta comme pour les attendre, et quand ils furent près de lui, d'une voix chevrotante, mais guillerette et joyeuse encore, il s'écria avec bienveillance :

— Oh ! oh ! oh ! voilà de bons parents, qui sont bien joyeux de la joie qu'ils vont procurer à leur petit garçon... qui a été sage, sans doute...

— Oui, bien joyeux, répondirent ensemble Pierre et Véronique, en remerciant d'un regard et d'un sourire reconnaissants le bon vieux qui venait de les interpeller. Ils passèrent, mais non sans se retourner plusieurs fois, et le bon vieux ne reprit sa route que lorsqu'il les eut perdus de vue.

Quand ils furent rentrés chez eux et qu'ils eurent déposé les joujoux dans l'arrière-boutique :

— Ah ! mon Dieu ! Pierre, s'écria Véronique, frappée d'une pensée subite.

— Quoi donc ?

— Et la chambre de ce pauvre ange ! et la chambre, à laquelle nous n'avons pas songé...

— Tu as raison.

— Quelle sera-t-elle ?

— Je ne sais, nous n'en avons pas.

— Mais si, vraiment, et celle qui donne dans la nôtre et qui me sert de cabinet de toilette.

— C'est qu'elle est bien petite.

— Est-ce que tu crois que c'est un géant, ton fils ?

— Notre fils...

— Oui, mon Pierre, et merci... oui, notre fils... Elle est assez grande, je t'assure ; et puis, elle est bien aérée, elle a une grande croisée qui donne sur la rue ; nous avons ce qu'il faut pour la meubler. Oui, tout... tout, excepte un lit, dont nous ferons l'acquisition ce soir ; viens,

viens vite l'arranger ensemble, veux-tu? cela nous fera passer le temps.

— Si je le veux, mais je crois bien... puis nous l'ornerons de tous les jouets que nous avons achetés.

— C'est cela!

Ils y allèrent sur-le-champ, et le temps passa et si vite et si bien, qu'à midi sonnant, Pierre était encore occupé à chercher la place pittoresque que pourrait occuper le bilboquet dans l'ingénieux faisceau qu'il s'était plu à former des jouets.

— Ah! ça, mais, ah! ça, mais, fit alors Véronique; à force de nous occuper de lui, voici que nous l'oublions : l'heure de partir est venue.

— Je crois bien, midi dix minutes! J'ai mon chapeau, remets vite le tien, et si nous envoyions chercher une voiture pour arriver plus tôt?

—Je veux bien. Tiens, mais à propos de voiture, n'entends-tu pas, Pierre? on dirait qu'il s'en arrête une devant notre porte...

— Quelque pratique qui vient nous faire une commande ou un achat important; mais, tant pis, laissons-la recevoir par nos commis, et sortons par l'autre escalier... N'es-tu pas de cet avis-là?

— Si, vraiment...

Et ils allaient faire ce qu'ils annonçaient, lorsque la voix de leur demoiselle de boutique retentit au bas de l'escalier et prononça ces mots :

— Monsieur, madame, êtes-vous là-haut ?

Pierre et Véronique, mettant chacun un doigt sur leur bouche, se firent signe de ne pas répondre et se disposèrent à prendre quand même l'escalier dérobé. Ils posaient déjà le pied sur la première marche, quand la demoiselle de boutique continua ainsi :

— C'est un monsieur et un petit garçon ; ils viennent de Montmartre.

Cette annonce produisit sur les deux époux l'effet de l'étincelle électrique ; ils se regardèrent avec une expression impossible à décrire, et restèrent quelques moments immobiles, puis furent pris d'une espèce de tremblement nerveux, lequel faillit dégénérer en faiblesse. Mais ils se soutinrent l'un l'autre, et faisant un suprême effort :

— Allons, dirent-ils, allons.

Quelques secondes plus tard, ils entraient dans leur arrière-boutique, où les attendait M. Camusot en personne, donnant la main à un charmant blondin de huit ans, revêtu de l'uniforme du collégien, et que nous savons être le petit Auguste Millot.

C'est pour le coup qu'il leur fallut un immense empire sur eux-mêmes, aux deux époux Moulin, à Pierre surtout, à Pierre qui n'avait pas, comme Véronique, déjà vu le jeune enfant. Ils le prirent, cet empire ; ils se maîtrisèrent et rendirent tout d'abord à M. Camusot le salut cérémonieux et grave que ce dernier leur adressa. Pierre avait bien envie d'embrasser sur-le-champ ce cher enfant, qu'à la première vue il reconnaissait pour le sien, mais il n'osait pas...—Pourquoi donc?... on ne saurait le dire, mais il n'osait pas. Heureusement, le petit Auguste reconnut Véronique et lui dit :

—Bonjour, madame ; je vous reconnais, c'est vous qui avez fait cadeau d'une toupie à mon camarade.

— Oui, mon enfant, oui... et veux-tu venir m'embrasser?

— Je veux bien.

Et Auguste quitta la main de M. Camusot et alla vers Véronique, laquelle, au lieu de l'embrasser la première, le prit dans ses bras et le présenta aux lèvres de Pierre Moulin. Ce dernier n'y put tenir plus longtemps; il chassa toute fausse honte et embrassa son fils, comme on n'embrasse bien sûr qu'une fois dans la vie... et Auguste le lui rendit bien :

— Oh ! monsieur, dit l'enfant, vous pleurez ; pourquoi ça ? Je vous ai fait mal, peut-être...

— Non, mon enfant, non.

— C'est qu'avec la boucle de ma ceinture, l'autre jour j'ai égratigné, sans le vouloir, la main d'un de mes petits camarades, et il a pleuré aussi...

— Ce n'est rien, va, ce n'est rien.

Nouveaux baisers, après lesquels Pierre posa Auguste à terre, et, se tournant vers M. Camusot, qui était demeuré témoin impassible de cette scène touchante, il lui dit :

— Pardon, monsieur, pardon, mais maintenant je suis tout à vous ; vous m'excusez ?

A cette interpellation, M. Camusot changea de jambe, passa son chapeau, qu'il tenait de la main gauche, dans la droite, se campa, se posa, et d'un air, d'une voix qu'il essaya de rendre à la fois dignes et émus, il répondit du ton d'un homme qui va prêcher :

— Ah ! monsieur, si je vous excuse, si je vous pardonne, vous ne me faites pas, non plus que madame, l'injure d'en douter ! Permettez-moi de vous dire que s'il est sous le firmament quelqu'un qui, par sa position, ses mœurs, son caractère et sa profession, soit à même d'apprécier, de comprendre, de ressentir par intuition les élans secrets et violents qui doivent en ce moment remplir, que dis-je, gonfler votre âme, ce quelqu'un-là, c'est moi, moi Isidore-Népomucène Camusot, moi qui... moi que... moi quand... moi car... Il s'embrouillait et ne savait comment arriver à la conclusion de son speech pédagogique; heureusement, Auguste se gratta, et, s'adressant à lui, il termina son discours par ces mots :—Ne vous frottez pas ainsi l'œil, Auguste, vous risquez de vous y faire du mal.

Nous ne transcrirons pas en détail la conversation qui suivit entre Pierre Moulin et le maître de pension, nous dirons tout simplement ce qu'il en résulta. Ils se communiquèrent les lettres à eux respectivement écrites par Trinette Millot; Pierre paya le semestre échu et déclara vouloir garder son fils auprès de lui, désirant lui donner des maîtres particuliers jusqu'à ce qu'il fût d'un âge plus avancé. Après quoi, M. Camusot prit congé et partit, laissant en tête-à-tête à trois Pierre, Véronique et Auguste, ce dernier assis sur les genoux de celle-ci.

— Tiens, monsieur s'en va donc, sans m'emmener? fit-il.

— Préférerais-tu donc le suivre que de rester avec nous?

— Oh! je ne dis pas cela, je vous le demande seulement, monsieur...

Pierre n'osa pas réclamer contre cette épithète de monsieur que lui donnait son fils, mais Véronique s'en chargea.

— Vois-tu, mon ami, lui dit-elle, c'est ton père, ce monsieur-là, et si tu veux ne pas lui faire de la peine, il faut l'appeler mon papa.

— Oh! je veux bien, madame...

— Oui, mais il faut aussi, dit Pierre à son tour, ne pas appeler cette dame-là madame.

— Et comment donc?

— Ta maman!

— Ah! c'est que, voyez-vous, ce n'est pas cette dame-là qui est ma maman! Ma maman, c'est une autre dame qui venait me voir à la classe, pas bien souvent et qui ne m'embrassait jamais...

—Jamais! dis-tu, fit Véronique, et elle l'embrassa.

— Ah! si... quand elle venait me voir avec un grand monsieur, vieux comme tout, et qui avait un beau ruban rouge à sa redingote... même qu'elle me disait aussi d'appeler ce vieux monsieur papa; je l'appelais ainsi, parce qu'il faut être obéissant, mais j'aime bien mieux appeler comme ça ce monsieur-là, car il a l'air bien bon, bien bon.

— A cet éloge naïf, Pierre enleva Auguste des genoux de Véronique et le mit sur les siens, et la conversation continua, entremêlée de baisers.

— Tu ne l'aimais donc pas, ce grand monsieur-là ? demanda Pierre.

— Oh ! non... Tiens, c'est vrai, il me pinçait toujours les oreilles en disant :—Nous en ferons un carabinier de ce galopin-là; il pinçait fort... et ça me faisait mal... et puis il m'appelait galopin, oh ! mais là, toujours... Je ne suis pas un galopin, je suis un petit garçon; galopin, c'est un vilain mot...

— Et ta maman, l'aimais-tu bien, elle ?...

— Oui, et j'aurais voulu qu'elle m'embrassât beaucoup; tenez, comme vous faites vous deux. Mais elle ne faisait que comme ça, du bout des lèvres; pourtant, allez, je me débarbouillais joliment quand je savais qu'elle devait venir, parce que quelquefois, vous savez, quand on est barbouillé, ça n'est pas propre pour embrasser... Eh bien, non, ça ne faisait rien ! il n'y avait que lorsque le grand vieux monsieur était là... Est-ce qu'elle me viendra voir ici, dites ?

Pierre n'eut pas le courage de répondre; mais Véronique, c'est différent :

— Si, mon enfant ; si, mais dans longtemps, dans bien longtemps, peut-être...

— Dans plus tard qu'un mois ?

— Oui... cela te fait de la peine...

— Dame ! c'est maman... Et il y avait un peu de larmes dans l'accent de ces trois mots-là...

—Oui, pauvre enfant ! oui, je comprends; nous ne sommes encore, et ton père lui-même, que des étrangers pour toi, mon cher petit, mais sois tranquille, on t'aimera bien...

—Oui, on t'aimera bien, et tu oublieras celle qui t'abandonne, interrompit et finit Pierre...

— Oh ! reprit Véronique, que dis-tu, Pierre, oublier, qu'il oublie sa mère, sa véritable mère ! il ne le faut pas, non, chaque jour je lui en parlerai ; il faut qu'il continue à la chérir et à la respecter...

— Mais toi, Véronique !...

—Moi, sois tranquille, va ; je saurai me faire dans son petit cœur une place qui vaudra bien celle de sa mère.

—Ah ! mon Dieu, comme il pleure... Auguste, mon enfant, qu'est-ce que tu as ?

— J'ai, mon papa, j'ai... je pense à maman, qui ne viendra que dans longtemps... L'autre jour, elle m'avait promis de bien m'embrasser si… si j'avais la croix… et des joujous aussi… et j'ai été bien sage et j'ai eu la croix… il n'y a qu'hier, parce que j'ai fait du chocolat… et alors…

— Des baisers ! mais, tiens, cher enfant, en voici d'aussi tendres, et de plus sincères que ceux de ta maman.

— Et quant aux joujoux, mon petit, mais ta maman nous les a envoyés pour que nous te les donnions.

— Vrai ?…

— Oui, ils sont là-haut dans ta chambre…

— Oh ! quel bonheur ! quel bonheur ! fit Auguste, battant des mains et souriant à travers ses larmes ; allons les voir, allons les voir !…

— Tout de suite ; viens…

Auguste poussa un cri de joie et d'admiration suprêmes, lorsque du seuil de cette chambre, qui désormais allait être la sienne, il aperçut le monceau de jouets qui lui étaient destinés.

— Oh ! bonne petite maman ! bonne petite maman ! s'écria-t-il, en courant les toucher et les examiner les uns après les autres.

— Véronique, dit Pierre, tu as eu tort de dire que c'était sa mère qui lui donnait cela, car tu nous prives de ses remercîments.

— Oh ! égoïste que vous faites, répliqua Véronique avec un délicieux sourire, il ne vous suffit pas de voir votre enfant joyeux, il vous faudrait encore ses remercîments. Apprenez, monsieur, apprenez qu'il faut aimer ses enfants pour eux-mêmes et non pour soi.

— C'est bien, ne me gronde pas.

— Si fait, car vous le méritez.

— Oh ! le beau jeu de quilles en bois rouge, n'est-ce pas ça, papa ?

— Hein ! dit Véronique, comme il s'habitue vite à te donner ce nom ! Et moi, Auguste, comment m'appelleras-tu ?

— Ma deuxième maman.

— C'est cela.

— Quel dommage que je ne sois pas à la pension !

— Pourquoi ?

— Parce que je jouerais aux quilles avec un camarade. Je sais y jouer ; quand je débute, je suis toujours le prem... Si vous vouliez jouer avec moi.

— Oui, dirent Pierre et Véronique, mais à la condition que tu ne nous diras plus vous ; tu nous tutoieras.

— Je veux bien ; mais c'est que ma première maman me défendait de lui dire toi. Tu me le permets, petit papa ?

— Je crois bien.

— Toi aussi, ma seconde maman?

Pas d'autre réponse ne lui fut faite que deux bons gros baisers. Puis Pierre et son fils s'armèrent chacun d'une boule, et la partie commença; Véronique se chargea de ramasser les quilles et de les replacer.

Elle fut bien charmante, cette partie-là, et le premier fatigué ne fut pas Pierre ou Véronique: c'est le petit Auguste qui y renonça.

— Là! j'ai bien joué, dit-il; maintenant, il faut travailler. Veux-tu me faire lire, papa? tu verras que je sais bien...

— Oh! mon Dieu, je n'ai pas de livre sous la main.

— Je sais lire aussi l'écriture.

— Vrai? fit Véronique, oh! alors, attends un peu.

Elle prit du papier, une plume, de l'encre, et écrivit. Pierre voulut voir, elle l'en empêcha.

— Tout à l'heure, lui dit-elle.

Elle eut bientôt fini, et remit aux mains d'Auguste ce qu'elle avait tracé.

L'enfant dit alors :

— Oh! c'est difficile; mais je pourrai bien tout de même.

Il épela quelque temps tout bas, et finit enfin par lire la phrase suivante :

« Mon cher petit papa, je t'aime de tout mon cœur. »

Telle fut l'installation d'Auguste Millot chez Pierre et Véronique Moulin.

XXI

A L'ÉLYSÉE MÉNILMONTANT.

Auguste Millot, qui n'avait que huit ans, lorsqu'au chapitre précédent nous l'avons laissé jouant aux quilles avec son père réel et sa mère adoptive, en compte maintenant dix-huit bien sonnés, et c'est en vérité le plus charmant jeune homme du monde.

Il a la taille grande et svelte : sur son front large, pur et bien développé, rayonne l'intelligence ; ses cheveux châtain-clair sont bouclés ; le sombre azur de ses grands yeux est rehaussé par de beaux sourcils bruns.

Enfin il est beau, et ce qui le rend plus beau encore, c'est l'excessive bonté empreinte sur tous ses traits ; c'est l'expression continuellement bienveillante de sa physionomie, n'excluant cependant pas un certain grand air, qui indique que si Auguste ne peut et ne pourra probablement jamais haïr personne, il n'est pas disposé à aimer tout le monde : son cœur n'est pas banal, et pour qu'il y accorde une place à quelqu'un, il faudra que ce quelqu'un-là ait tout d'abord mérité son estime.

Il aime à l'adoration son père et sa mère adoptive, et il en est idolâtré.

Il aime aussi beaucoup, quoique se la rappelant à peine, une personne absente, et qui, depuis dix ans qu'elle a quitté la France, n'a pas donné une seule fois de ses nouvelles; cette personne absente, c'est Trinette Millot; cette personne absente, c'est sa mère véritable.

Bien souvent, en songeant à elle, il se sent envahir par une mélancolie profonde et irrésistible; il éprouve un ardent désir de la revoir, de lui parler, de l'appeler *ma mère,* de l'embrasser, d'être embrassé par elle. Oh! pour le satisfaire, ce désir, que ne donnerait-il pas? quel sacrifice ne serait-il pas heureux de s'imposer?... Il l'aime tant!

Mais pourquoi donc l'aime-t-il tant que cela?

C'est sa mère, il est vrai, mais de gaieté de cœur, cette mère l'a abandonné; mais, depuis dix années, elle ne s'est pas une seule fois inquiétée de lui, de son sort... Qu'importe!... il ignore tout cela. La généreuse Véronique, ainsi qu'elle en avait manifesté l'intention lorsqu'elle l'adopta, n'a pas voulu, ce qui lui eût été cependant bien facile, n'a pas voulu accaparer toute l'affection filiale d'Auguste. Elle, sa mère adoptive, lui a souvent parlé de sa mère véritable, lui en parle souvent encore, et toujours en termes favorables et susceptibles non-seulement de la faire excuser par lui, mais encore de la plaindre et de la chérir. Elle à qui, en toute autre occasion, il avait toujours répugné de cacher la vérité, en celle-ci a fait à Auguste une multitude de pieux mensonges ayant pour but de porter celui-ci à considérer l'abandon dans lequel l'a laissé sa mère comme une nécessité dont elle aurait bien souffert, et à laquelle elle ne se serait résignée que contrainte et forcée, et pour le bien à venir de son fils.

C'est à l'insu et sans l'assentiment de Pierre, qu'entre Véronique et Auguste ont lieu les conversations relatives à Trinette Millot. Pierre ne se fût pas prêté à ce qu'elles eussent pour résultat d'innocenter complètement cette dernière.

Donc, à part le souci que lui cause le désir de revoir sa mère et la presque certitude qu'il éprouve de n'être à cet égard jamais satisfait, Auguste est heureux, autant qu'il peut être accordé à un jeune homme de l'être.

Il est instruit. Son père lui a fait donner une éducation à la fois brillante et solide, grâce à laquelle toute carrière lui est ouverte, quelle que soit celle qu'il lui plaise un jour d'embrasser.

Il n'y a pas longtemps que cette question a déjà été mise sur le tapis et débattue chaleureusement entre Auguste, Pierre et Véronique.

— Voyons, disait un beau jour celle-ci, provoquant la première un entretien sérieux à ce sujet, te voici maintenant, cher Auguste, devenu tout à fait un homme. Tu n'as que dix-huit ans, mais ta raison précoce te fait plus âgé que ton âge ; il est temps de songer à poser la première pierre de l'édifice de ton avenir.

— Oh ! oh ! des fleurs de rhétorique, chère petite maman ; où veux-tu en venir ? répliqua Auguste d'un ton doucement et tendrement railleur.

— Ne rions pas; c'est très-sérieux ce que j'ai à vous dire.

— Je t'écoute.

— Nous t'écoutons, fit Pierre à son tour.

— J'en veux venir, reprit Véronique, à ceci :

que depuis assez longtemps tu nous aides dans notre commerce, soit en tenant nos livres, soit en nous suppléant au comptoir et au magasin; tes études, tes capacités t'appellent à une destinée plus haute; tu peux jouer dans la vie un rôle plus important que n'est celui d'un boutiquier... N'est-ce pas, Pierre? voyons, parle donc aussi, toi...

— Inutile, bonne petite mère, inutile; cette simple ouverture me dit tout ce qu'est ta pensée et tout ce qu'est celle de mon père, en supposant qu'il soit de ton avis.

— Mais, je l'espère bien...

— Et moi, je ne l'espère pas.

— Comment!... Pourquoi?

— Parce que je n'aurai qu'à détruire en toi seule les idées d'ambition que tu as conçues à mon égard, que tu voudrais me faire partager, et que je ne partage pas... En supposant que mes capacités soient aussi grandes que le dit ton indulgence...

— Je ne suis pas indulgente, je suis juste.

— Laisse-moi achever... en le supposant, dis-je, je pourrais devenir, n'est-ce pas, un médecin célèbre ou un avocat distingué, qui sait? peut-être un écrivain illustre ..

—Mais, certainement... et Pierre et moi serions bien fiers de ta réputation et de ta gloire...

— Oui, mais si, au lieu de cela, je me trouvais n'avoir rien que les apparences des susdites capacités ; si, après vous avoir coûté de nouvelles grosses sommes pour suivre des cours de droit, de médecine ou de littérature, j'allais, au terme de ces longues études, ne devenir qu'un médecin sans malades, un avocat sans causes, ou un auteur sifflé. Que de temps ! que d'argent perdu ! partant, que de regrets !...

— C'est impossible.

— Non pas, et puis, quand même, ce qui te préoccupe surtout, petite mère, c'est mon bonheur, n'est-il pas vrai ?

— Oh ! certes.

— Eh bien ! laisse-moi le chercher là où mes goûts m'entraînent, où vous l'avez trouvé vous-mêmes... Comme négociant, entendu, j'ai fait mes preuves; sans modestie aucune, je me l'avoue à moi-même. Contentez-vous, mes bons parents, de me promettre que lorsque le désir vous viendra de vous retirer, vous me céderez votre établissement ; vous me chercherez une femme jolie, douce et bonne, comme toi, petite mère, et je tâcherai d'être pour elle aussi aimant, aussi doux, aussi tendre que toi, mon père, tu l'as toujours été... — Véronique voulut l'interrompre, il ne lui en laissa pas le temps. — Et exempt des soucis, des tracas qui viennent toujours assaillir les apprentis grands hommes, dont le talent, fût-il incontestable, est toujours contesté, je mènerai cette douce existence que vous avez menée, que vous menez encore... Tu m'as dit que j'étais doué d'une raison précoce, petite mère, eh bien! je le prouve, tu vois, en préférant le bonheur certain d'une calme médiocrité aux éblouissements enivrants d'une gloire douteuse.

Il n'y avait pas grand'chose à répondre à cela. Pierre ne répliqua pas, si ce n'est pour approuver; quant à Véronique, elle fit encore quelques objections; mais bientôt, s'avouant vaincue, elle finit par se ranger de l'avis d'Auguste et de Pierre.

Il fut convenu et arrêté entre eux trois, que pendant trois ou quatre années encore, le magasin de la *Bonne foi* ne changerait pas de propriétaire, mais que ce temps-là écoulé, si Auguste persistait encore dans sa résolution, il s'installerait dans ledit magasin, au lieu et à la place des deux époux Moulin.

Retournons maintenant à leurs amis.

Polycarpe et Philomèle Morage sont morts depuis sept ans, à dix-huit mois de distance l'un de l'autre.

Leur fille Thanésie, qui ne s'est point raccommodée avec son mari, et qui a vécu avec eux jusqu'au moment de leur décès, est venue à mourir quelques années après d'une maladie de poitrine.

Quant à Didier, quoique constamment à bambocher pas mal et à mener grand train, il a, jusqu'à présent, conduit sa barque assez heureusement. Sa maison de banque est devenue une des plus importantes de Paris, et ses spéculations ont constamment été couronnées de succès. Il est toujours le bon garçon, l'homme joyeux de jadis, et il a conservé pour ses amis Moulin une véritable affection ; ils ne se voient pourtant que rarement.

Lucien Beaumont, le fils de Didier et de Thanésie, ce jeune garnement que gâtaient tant père, grand'père et grand'mère, promettait de devenir un assez mauvais sujet ; il a tenu ses promesses. On se rappelle sans doute qu'il est de cinq années plus âgé qu'Auguste Millot.

En pension, au collége, il fut un élève indocile, paresseux, tapageur, turbulent, et fit par conséquent de mauvaises études.

Depuis qu'il est hors du collége et qu'il est censé avoir terminé ses classes, il a été entièrement livré à lui-même. Son père lui a laissé la bride sur le cou, et lui a servi une pension de deux cents francs par mois, rien que pour ses menus plaisirs. Cela devrait suffire à Lucien, et pourtant cela ne lui suffit pas ; il fait des dettes : déjà deux fois son père les a payées, en se fâchant, il est vrai, mais si peu, que Lucien se croit autorisé tacitement par lui à en contracter d'autres, ce à quoi il ne manque pas.

Lucien n'est pas positivement laid, mais il est bien loin d'être beau : son front est bas, son regard en dessous, et il a l'air méchant ; il ne l'est pas encore cependant. Pour le moment, il n'est rien que ce qu'on appelle vulgairement un farceur ; il fréquente habituellement une assez mauvaise société de jeunes gens, moins riches que lui et qui le flattent, l'adulent, parce qu'il les régale.

Il va sans dire qu'Auguste n'est pas son ami. Ils ont cependant essayé de se fréquenter ; l'amitié de leurs pères semblait devoir comporter la leur ; mais non, leurs caractères ne sympathisaient pas ; ils ne se voyaient que rarement, et ils ont rompu tout à fait, depuis certaine aventure dans laquelle Auguste fut malgré lui désagréablement mêlé.

Un certain dimanche du mois de mai, comme il faisait un temps superbe, Véronique, Pierre et Auguste devaient aller se promener ensemble après dîner, puis, après une course à travers la campagne, entrer se reposer en prenant une bouteille de bierre dans un des bals champêtres de Belleville, soit au bal dit de Noël, soit à celui de l'Élysée Ménilmontant; mais une affaire importante survint, qui empêcha Pierre et Véronique de donner suite à leur projet. Il leur fallut rester chez eux ; quant à Auguste, sa présence n'était pas nécessaire, et on l'engageait à aller se promener et à se divertir tout seul; mais celui-ci ne s'en souciait guère, habitué qu'il était à n'aller nulle part et à ne s'amuser jamais sans ses bons parents; ceux-ci insistèrent en vain, il n'aurait pas cédé, si, juste au moment même où allait se clore le débat, Lucien Beaumont n'était entré subitement dans l'arrière-boutique.

— Bonjour, monsieur et madame, bonjour, Auguste, ça va bien? Tiens, te voilà habillé pour sortir, comme ça se trouve : justement je venais te chercher.

— C'est bien aimable à toi, mais c'est que précisément je viens de me résoudre à rester à la maison.

— Pourquoi ça?

— Parce qu'une affaire survient à mes parents qui les empêche de sortir avec moi.

—Qu'est-ce que ça fait? tu es bien assez grand maintenant pour te passer une fois par hasard de leur protection. N'est-ce pas, monsieur et madame Moulin, que vous n'auriez pas peur qu'Auguste se perdît s'il sortait sans vous?

— Non, certes, non; nous venons même de l'engager bien vivement à faire seul la promenade projetée; mais il n'a pas voulu.

— C'est que tout seul, en effet, ça ne lui promettait peut-être pas d'être bien divertissant; mais puisque me voilà, je vous remplacerai. Allons, prends ton chapeau et viens.

Auguste fit encore quelques difficultés, mais enfin il se décida. Il prit congé de ses parents, et, bras dessus bras dessous, Lucien et lui gravirent prestement la montagne de Belleville.

Le hasard faisait qu'il était dans les intentions de Lucien «d'honorer de sa présence,» comme il le disait, le bal de l'Élysée Ménilmontant, vers lequel Auguste lui-même souhaitait s'acheminer.

— J'y ai rendez-vous, lui dit-il, avec deux autres camarades et trois demoiselles, dont l'une est ma maîtresse.

— Tu as une maîtresse, Lucien? fit Auguste étonné.

— Oh! certainement, et toi?

— Oh! moi, y penses-tu, à dix-huit ans!

— Eh bien! à dix-huit ans, qu'est-ce que ça prouve?

— C'est trop jeune.

— J'en avais une à seize. Enfin, si tu veux une maîtresse on pourra t'en procurer une.

— Je n'y tiens pas.

— A ton aise. Quoi qu'il en soit, j'ai donc rendez-vous à ce bal avec cinq personnes, à cette fin d'inaugurer là une danse d'un nouveau genre, que nous a apprise, au carnaval dernier, un bambocheur numéro un. Tu verras comme c'est drôle. Tiens, mais comme à nous six, cela ne formera pas le quadrille double, entre connaissances du moins, tu pourras le compléter, toi. Sais-tu danser?

— Oui, mais pas comme vous sans doute, puisque tu dis que c'est une danse nouvelle.

— Ça ne fait rien, sa nouveauté ne consiste que dans l'excentricité des pas, mais les figures restent les mêmes.

— Eh bien! soit, je serai des vôtres.

Quelques instants après, Auguste et Lucien s'arrêtaient devant la porte du bal de l'Élysée Ménilmontant; ils payaient les dix sous d'entrée, en échange desquels ils recevaient un cachet de consommation.

Lucien apercevant en entrant ses amis et amies placés à l'une des tables qui entourent la salle de danse, leur présente Auguste, que ces demoiselles regardent effrontément, ce qui le fait rougir, surtout lorsque l'une d'elles dit aux deux autres, et assez haut pour qu'il l'entende :

— Tiens! mais il est joli garçon.

— Bonsoir, biche, dit Lucien, en embrassant sans façon sa maîtresse, qui le lui rend sans se déconcerter.

— Nous allons donc le danser ce fameux quadrille! fait l'un des jeunes gens. Est-ce que monsieur est initié?

— Non; mais il nous regardera faire, et à la seconde figure il tâchera de faire comme nous. Voyons, Auguste, va vite inviter une danseuse quelconque, et tâche qu'elle soit jolie. Il est bientôt huit heures, et le jour commence à baisser; déjà l'on allume les lanternes suspendues entre les arbres du jardin, et il y a temps d'arrêt à l'orchestre, profites-en; dépêche-toi, car l'illumination va bientôt être complète, et le signal de la danse va retentir de nouveau.

Sur cette invitation, Auguste s'éloigne, et, jetant un regard circulaire sur les jeunes personnes qui faisaient tapisserie, il en remarque bientôt une qui était, on peut le dire, un véritable amour de jeune fille : seize ans au plus, de grands yeux bleus, une petite bouche, des cheveux d'un brun superbe, une taille adorable ; enfin une perfection en robe d'indienne, et puis un petit air modeste et doux. Le hasard fit que comme Auguste la regardait, elle le regarda aussi ; ce fut comme un choc sympathique : ils tressaillirent tous les deux. Auguste s'avança vers elle le sourire aux lèvres.

— Mademoiselle, dit-il, si vous vouliez m'accorder la faveur du prochain quadrille ?

— Oui, monsieur. Tiens, maman, garde-moi mon châle et mon chapeau.

— En place pour la contredanse ! cria en ce moment le donneur de cachets.

— Ah ! dépêchons-nous, dit la jolie enfant, car nous ne trouverions plus de vis-à-vis.

— Ne craignez rien, mademoiselle, le mien m'attend.

— Ah ! bon, et elle prit sans façon, mais sans hardiesse non plus, le bras d'Auguste, et tous les deux descendirent dans l'arène chorégraphique. Ils circulèrent quelque temps parmi les carrés qui se formaient, sans qu'Auguste aperçût Lucien ni sa bande. Le signal venait d'être donné et le piston retentissait déjà, lorsqu'enfin arrivèrent tout à coup, en courant et en poussant de joyeux cris, Lucien et ses camarades des deux sexes.

— Hé! l'orchestre! criaient les hommes, rengaînez vos premières mesures et recommencez-nous ça, quand nous serons placés.

— Par ici, Auguste, par ici!

— Où nous mettons-nous?

— Là, près de la musique.

— Place! les autres, place! mais rangez-vous donc, sapristi! souffrez que nous nous mêlions à vous, et vous verrez que vous n'en serez pas fâchés, nous dansons rudement.

L'orchestre allait toujours.

Nouveaux cris et nouvelles réclamations.

Enfin, sur l'ordre du maître de l'établissement, qui voyait un franc à récolter de plus, le silence se fit, et nos huit danseurs parvinrent à se caser, Auguste faisant vis-à-vis à Lucien.

Après quoi le signal fut de nouveau donné, et danseurs et danseuses partirent du pied droit.

En ce temps-là, le cancan n'était pas encore généralement connu; Chicard, qui en est l'inventeur, préludait seulement à sa future réputation, et les grâces non candides de sa chorégraphie n'avaient eu pour admirateurs qu'un nombre fort restreint d'individus. Messieurs les agents de police, préposés à cette époque-là, comme à celle-ci, au maintien du bon ordre, n'avaient encore eu à expulser que les gens ivres ou les batailleurs ; mais le délit de danse immorale n'avait point été jusqu'alors réprimé par eux ; ils ne soupçonnaient même pas qu'un pareil délit fût possible.

Pourtant les cris poussés par les six nouveaux arrivants, leur exaltation, la bousculade à laquelle ils s'étaient livrés envers ceux qui faisaient obstacle à leur passage avaient éveillé l'attention des susdits agents de police ; ils craignaient une querelle, une rixe, et, se plaçant en face du quadrille que venaient de compléter Auguste et sa jolie danseuse, ils s'étaient mutuellement adressé la recommandation de ne pas le quitter des yeux.

Il commença. Et tout d'abord, et dès la première figure, le balancé exécuté par chacun des trois premiers couples leur causa un grand étonnement.

Au lieu de faire comme les autres, de prendre gracieusement le bout des doigts de leurs danseuses pour les faire pirouetter et pour pirouetter avec elles, voici de quelle façon agissaient les trois cavaliers.

Le premier piétinait sur place avec une vélocité extrême et une telle élasticité de jarret, qu'il se donnait à lui-même des coups de talon de bottes dans le bas des reins; puis, les bras élevés et les mains étendues sur la tête de sa danseuse, il semblait bénir celle-ci, qui tournait sur elle-même comme la terre sur son axe.

L'autre, au contraire, s'était mis à genoux et faisait des mouvements indécents; celui-ci, c'était sa danseuse qui faisait mine de le bénir.

Les deux derniers enfin, enlacés comme deux serpents, imitaient, en tournant, le mouvement d'une chaloupe sur la mer orageuse.

Ces messieurs de l'ordre public se regardèrent avec stupéfaction, et, semblant abrutis, ne surent que penser et surtout que résoudre.

Quant aux spectateurs, ils trouvèrent cela sinon du meilleur goût, du moins fort amusant; ils applaudirent à tout rompre, de la voix, des pieds, des mains et des cannes.

— Vous êtes contents, hein? s'écria l'un des novateurs, qui n'était autre que Lucien. Bon!

mais vous allez l'être encore bien plus tout à l'heure ; ceci, ce n'est que pour nous mettre en train ; attention à l'été. Allons donc ! Auguste et sa femme, en avant quatre !

Et ce furent, de part et d'autre, des moulinets de bras, des tortillements de hanches, des jambes levées très-haut, par les hommes d'abord et par les femmes ensuite.

L'une d'elles, et peut-être en le faisant exprès, toucha avec l'extrême pointe de son petit pied, chaussé de satin turc, le rebord du chapeau de son cavalier vis-à-vis, qui était ce pauvre Auguste, bien empêché, bien malheureux et bien désorienté ; le chapeau tomba, et alors ce fut une explosion de rires, de bravos et d'exclamations. L'on monta sur les tables pour mieux voir... Ceux qui dansaient s'arrêtèrent de danser, ceux qui buvaient s'arrêtèrent de boire.

A la poule, vinrent les grands écarts.

A la pastourelle, le premier cavalier se mit à danser sur les mains.

Le second imita Napoléon, le chapeau posé en travers, une main sur le dos et l'autre simulant la prise de tabac.

Cela prenait une couleur politique, et les agents commençaient à se dire :

— Il va falloir que nous intervenions.

Le troisième cavalier, qui était Lucien Beaumont, monta sur le dos d'un de ses deux camarades et atteignit une lanterne qui éclairait cette partie de la salle; il la décrocha et la posa à terre; puis les huit danseurs, se prenant les mains, dansèrent en rond autour de la lanterne avec une vitesse incroyable.

Auguste, et surtout sa pauvre petite danseuse, ne savaient plus où ils en étaient; ils avaient commencé par rire avec les autres, puis ils s'étaient déconcertés, et certes, s'ils l'avaient osé, ils auraient quitté la partie. Auguste, devenu gauche et maladroit, ne put soutenir l'élan du tourbillon vertigineux dans lequel il était entraîné malgré lui; il lâcha la main de sa danseuse, et lui et les autres, ainsi qu'un ressort qui se détend tout à coup, allèrent trébucher et tomber dans les jambes des danseurs du quadrille voisin, qui tombèrent aussi. Il y eut quelques secondes d'un pêle-mêle incroyable.

C'en était trop. Les agents s'élancèrent; ils empoignèrent les perturbateurs et en un moment, tous huit furent jetés dehors; car, quoique innocents de ces méfaits, Auguste et sa danseuse partagèrent le sort de Lucien et des autres élèves de Chicard.

Ces derniers demandèrent à rentrer, en promettant d'être plus sages, mais on ne voulut pas y consentir. Alors ils se mirent à déblatérer contre le maître de l'établissement; Lucien surtout faisait preuve d'une exaspération extrême :

— Si l'on nous met à la porte, disait-il, c'est que l'on sait que nous n'avons pas encore fait usage de nos cachets de consommation et que l'on veut en profiter.

Le limonadier prit ce reproche au sérieux, et, quoique les agents de police l'engageassent à n'en pas tenir compte, il fit apporter huit demi-tasses, que les expulsés prirent dans la rue et assis par terre. Après quoi, ils se levèrent et dirent :

— Allons ailleurs!

— Dans un endroit moins bégueule.

— Au Prado, et pour être plus vite arrivés, nous allons prendre une voiture.

Et ils se disposaient à s'éloigner en criant, en riant et en chantant. Il va sans dire qu'Auguste et sa danseuse ne faisaient pas chorus; au lieu de les suivre, ils allaient les laisser s'éloigner.

Mais si c'eût été tout, cela aurait trop bien fini.

— Comment! nous serions assez lâches, s'écria Lucien, se ravisant et revenant sur ses pas, ainsi que les cinq autres; nous serions assez lâches pour abandonner comme cela la place à nos persécuteurs, sans essayer de nous venger.

— C'est cela, vengeons-nous; mais comment?

— Voyons, Lucien, voyons, essaya de dire, Auguste.

— Arrière, poule mouillée! lui fut-il répondu.

— Au fait, oui, comment nous venger? Ah! ils n'ont pas encore enlevé nos demi-tasses vides, renvoyons-les-leur.

Il ramassa une demi-tasse et sa soucoupe; les cinq autres firent comme lui; ils les lancèrent à la fois par dessus la porte d'entrée. Alors, Lucien et les cinq autres s'enfuirent à toutes jambes; ils se sauvèrent si vite que l'on ne put les rattraper.

Mais les deux innocents restaient. Auguste et sa danseuse furent conduits au violon; mais les explications qu'ils donnèrent, corroborées du témoignage d'un témoin bienveillant, qui avait remarqué qu'au milieu du tapage des autres ils étaient restés tranquilles, les firent heureusement relâcher.

Néanmoins, la leçon profita à Auguste ; il se jura de ne plus fréquenter désormais Lucien, et il se tint parole.

FIN DU TROISIÈME VOLUME.

LITTÉRATURE ITALIENNE.

LITTÉRATURE ESPAGNOLE.

CONDITIONS.

Les souscripteurs reçoivent, *franco*, tous les 15 jours, un charmant volume in-18, format anglais, beau caractère, beau papier, et contenant la matière d'un volume ordinaire.

Pour ceux qui souscrivent, chaque volume ne coûte que *soixante-quinze centimes* *.

On ne souscrit que pour une série de 12 vol.

On paie fr. 4-50 à la reception du 1er volume et fr. 4-50 à la réception du 7e volume.

Les ouvrages séparés se vendent *un franc* le volume.

Un volume abîmé ou égaré est remplacé au prix de fr. 1-25.

On souscrit dans toutes les maisons de librairie *de la Belgique et de l'étranger*.

Toutes les réclamations, avis, etc., doivent être adressés *franco* à l'éditeur.

* Pour l'étranger, le prix varie en raison des douanes et des traités internationaux.

OUVRAGES PARUS :

UN MIRAGE, par E. Zichen, suivi de **UNE VENGEANCE POSTHUME**, 1 vol.

FRANÇOIS Ier ET ODETTE DE FOLLEMBRAY (1518-1525), par A. Tavernier, 3 vol.

MÉMOIRES D'UN VIEUX MÉNAGE PARISIEN, par R. Herbaut, vol. 1 à 3.

LITTÉRATURE AMÉRICAINE.

LITTÉRATURE PORTUGAISE.

www.ingramcontent.com/pod-product-compliance
Lightning Source LLC
LaVergne TN
LVHW020024170826
845678LV00001B/113

* 9 7 8 2 3 2 9 7 5 7 2 9 2 *